# Rhein-Sagen
## *Vater Rhein erzählt!*

Nacherzählt von Eugen Hollerbach
Reisen Sie in die Sagenwelt des Rheins.

**deutschlandkultur.** entdecken!

www.rahmel-verlag.de

Vater Rhein erzählt:
# Inhaltsverzeichnis

| | |
|---|---:|
| Siegfried und Kriemhild | 06 |
| Wie Mainz zu seinem Stadtwappen kam | 18 |
| Kaiser Karls Lieblingstochter | 20 |
| Der Binger Mäuseturm | 25 |
| Brautwerbung auf Burg Rheinstein | 31 |
| Der Meisterschuß auf Burg Sooneck | 33 |
| Die Pfalz im Rhein | 35 |
| Die Loreley und der Mönch Goar | 40 |
| Die feindlichen Brüder | 45 |
| Wie die Marksburg zu ihrem Namen kam | 51 |
| König Wenzel verliert in Rhens seine Krone | 55 |
| Jan und Griet und der Ehrenbreitstein | 57 |
| Die Bäckergesellen von Andernach | 61 |
| Genoveva von Mayen | 64 |
| Siegfrieds Kampf auf dem Drachenfels | 70 |
| Die Heinzelmännchen von Köln | 77 |
| Sankt Ursulas Schiffsahrt nach Köln | 85 |
| Lohengrin, der Schwanenritter von Kleve | 90 |

Impressum
© Rahmel-Verlag GmbH · D-50259 Pulheim · www.rahmel-verlag.de

ISBN 978-3-95406-005-4 · Nachdruck verboten – alle Rechte vorbehalten

Redaktions-/Produktionsleitung: Renate Rahmel, Manfred Rahmel
Redaktionelle Mitarbeit: Ursula Löhr
Text: Eugen Hollerbach · Lektorat: ad litteras, Christian Jerger
Satz/DTP: Manfred Rahmel, Udo Geus, N4h

Vater Rhein erzählt:
# Vater Rhein erzählt seine Sagen

In alten Zeiten war mein Gewässer noch wilder und viel launischer als heute. Lachse, Forellen, Hechte und Zander tummelten sich darin, und rings um die Inseln wimmelte es von Aalen. Krebse krochen über glänzende Kiesel und feinen Sand. Und wer den Sand in der hohlen Hand ans Licht hob, konnte darin, wenn er Glück hatte, verdächtiges Geglitzer sehen. Denn mein Bett war golddurchwirkt. Noch vor etwa zweihundert Jahren saßen hier und da Goldwäscher an meinen Ufern und siebten die funkelnden Metallkörner geduldig aus dem Sand. Als die Menschen noch mehr Zeit hatten als heute, war das für manchen eine lohnende Beschäftigung. Denn was Burgunden und Merowinger, einst Bewohner meines Tals, an Goldschmuck besaßen, verdankten sie mir. Ihre Fürsten waren märchenhaft reich. Seht euch in den Museen bloß an, was sie ihren Toten mit ins Grab legen konnten!

Bevor sie kamen, und lange vor ihren Vorgängern, den Kelten und Römern, die mir den Weinbau bescherten, ist es an meinen Ufern noch anders zugegangen. Riesen bewohnten den Hunsrück und kamen zum Baden in die Fluten. Von Zwergen hat damals der Taunus gewimmelt. Und feuerspeiende Drachen hausten in finsteren Höhlen, wo immer es welche gab. Kunstfertige Schmiede sind die Zwerge gewesen; sie wussten mit Gold und Silber vortrefflich umzugehen und kannten auch lange vor euch Menschen die Stellen, wo Edelsteine ins taube Gestein eingebettet schimmern. Die Riesen sind aus ihren Bergen flussabwärts gewandert, haben das Siebengebirge aufgetürmt und den Drachen überlassen, ja bis weit ins flache Land sind sie gestapft, haben das Gelderland unsicher gemacht und mir den Flusslauf versperren wollen. Was sie dazu an Sand und Gestein herbeigeschleppt hatten, blieb als Eltener Berg liegen.

In meinen jungen Jahren haben neben ungeschlachtem Gewürm und täppischen Ungetümen, von den flinken Winzlingen ganz zu schweigen, auch zauberhafte Frauen meine Nähe gesucht: Feen, Nixen und, wie es die Vielfalt der weiblichen

Natur mit sich bringt, auch schöne Unholdinnen. Mit all diesem Volk bin ich fertig geworden, denn mir fehlt es nicht an Kraft und auch nicht an Gewalt.

Erst als ihr Menschen euch in meine Stromengen hineintrautet, wurde vieles anders. Den Drachen sind eure Helden zu Leibe gegangen, haben sie erlegt und gänzlich ausgerottet. Aus dem Blut der Erschlagenen aber beschworen sie die Zwietracht herauf. Menschen raubten den Zwergen ihre Schätze. Aber sie gewannen mehr Herzeleid als Freude davon und vergeudeten endlich alles. Denn auf dem Gold lag ein uralter Fluch. Könige starben daran, Helden gingen dafür ins Verderben, stolze Frauen schmückten sich damit und opferten manch köstliches Stück in Kirchen und Kapellen, wo es auch nicht sicher vor Räuberhänden war. Um des lieben Geldes willen verwandelten sich Burgen und Schlösser in Raubnester, wurden belagert und niedergebrannt, erstanden später aufs Neue aus rauchgeschwärzten Trümmern, schmückten sich mit farbenfrohen Wandgemälden und kostbaren Bildteppichen, erlebten Hochzeiten von Fürsten und Königen, erlebten auch Totengeläut. Einige Burgen verfielen wieder, und ihre Ruinen blicken als Zeugen einer wechselvollen Geschichte auf den flüchtigen Besucher in diesen Tagen herab. Andere Burgen sind noch sehr gut erhalten, und man kann sie auch heute noch von innen besichtigen.

Und immer noch zuckt in euren Händen, ihr Menschen von heute, verräterisch die Goldgier uralter Zeiten, und in eurem Blut pulst etwas vom Übermut der Vorzeitriesen, die ihr doch glaubt längst gebändigt, ja ausgerottet zu haben.

Lasst mich erzählen, was ich im Laufe der Zeit erlebt habe. Vater Rhein erinnert sich an viele Sagen und Geschichten. Ihr werdet die Burgen und Berge mit anderen Augen sehen!

# Vater Rhein
## *Ein Lauf voller Sagen!*

- 18 Kleve
- 17
- 16
- Köln
- Bonn
- Sieg
- 15 Königswinter
- Remagen
- Ahr
- 13 Andernach
- 14 Mayen
- Koblenz
- 12
- 11
- 10
- 09
- Boppard
- 08
- St. Goar
- St. Goarshausen
- Oberwesel
- 07 Kaub
- Bacharach
- 06
- Mosel
- 05
- 04
- Rüdesheim
- 03
- 02 Mainz
- Bingen
- Nahe
- 01 Worms

Vater Rhein erzählt:
# Siegfried und Kriemhild

Zwischen Schwarzwald und Vogesen habe ich mir mit Behagen ein weiches Bett bereitet. Dort lässt sich an den grünen Ufern gut leben. Das sahen auch die Burgunden, die nach dem Abzug der Römer zu mir gezogen kamen. Sie bestaunten die unbekannten Obstbäume und Weingärten, fanden verwildertes Vieh auf den Weiden; Häuser und Höfe standen leer, und nirgendwo gab es Menschen, die ihnen verwehrten, sich darin niederzulassen. Das taten sie und erfüllten auch die alte Stadt Worms mit neuem Leben. Drei Brüder teilten sich die Königswürde: Gunther, Gernot und Giselher. Ihre Schwester war die blonde Kriemhild, deren Schönheit sich nicht verbergen ließ. So fragte man sich am Königshofe, wem es wohl gelingen könnte, Kriemhilds Herz zu brechen. Schon bald fanden sich Freier ein, die von nah und fern nach Worms gekommen waren. Sie legten Kriemhild kostbare Geschenke zu Füßen. Doch was nutzte alles Gold und Geschmeide – sie konnten ihrer Angebeteten nicht in die Augen sehen, so strahlend muss ihr Blick gewesen sein! Wenn dann die Freier von dannen gezogen waren, klagte sie ihrer Mutter Ute: „Ich träume von einem Mann, dem mein Herz zufliegt!" Und Frau Ute versuchte ihre traurige Tochter zu trösten: „Der Mann, von dem du träumst, ist nur ein Märchenheld".

Und doch wurde Kriemhilds Traum eines Tages Wirklichkeit. Von Norden her kam den Rhein entlang ein blonder Jüngling geritten. Stark war er und wohlgebaut, und hinter ihm her trappelten Packpferde in stattlicher Zahl. Die trugen quer über dem Rücken pralle Ledersäcke. Was darin war, hätte ich Kriemhild haargenau sagen können, aber die Freude des Fragens wollte ich ihr nicht nehmen.

Er war an meinem linken Ufer aufgewachsen, in weiter Ferne, drei Tagesfahrten und mehr zu Schiff abwärts von Worms, in der alten Römerstadt Xanten. Dort herrschte sein Vater Siegmund als König. Siegfried hieß der Sohn, und als er gelernt hatte, ein Pferd zu bändigen und mit der Waffe umzugehen, zog es ihn stromaufwärts. Er wollte wissen, woher all das Wasser kam. Der Ruf seines Schicksals war lauter als das Flehen seiner Eltern: „Bleib bei uns! Eines Tages erbst du die Königskrone!" Sie war ihm nicht beschieden. Sein Vater hat den Sohn überlebt. Aber dafür umgibt noch heute strahlender Glanz den Namen des jungen Helden.

Kriemhild stand auf dem hohen Balkon der Wormser Königsburg, als Siegfried die Flussaue heraufgeritten kam. Ihr langes blondes Haar wehte im Wind. Sie hatte nur Augen für den Ankömmling. Dem, was er mitbrachte, schenkte sie keine Beachtung. Er aber sah nicht ein einziges Mal zu ihr empor. Sein Blick blieb auf die Türme der Königsburg geheftet, auf ihre Mauern und Zinnen und das breite verschlossene Tor. Als Gast aus königlichem Hause fand er Einlass. Er durfte sich mit den drei Königen der Burgunden im Wettkampf messen und gab ihnen Proben seiner Kraft und Gewandtheit. Mit großem Interesse sah Kriemhild ihnen zu, als sie sich im Schwertkampf, im Weitsprung und im Wettlauf erprobten. Dann saßen alle am offenen Herdfeuer, zechten und schmausten. König Gunther lud Siegfried ein, und der war gern bereit zu bleiben. Rasch hatte die Schwester der drei Burgunderfürsten es ihm angetan, und er spürte, dass Kriemhild ihn gern in ihrer Nähe sah.

Mit Jagen und Fischen wurden dem jungen Helden die Tage in der Königsburg nicht lang. Abend für Abend gab es etwas zu feiern: den größten Salm, den er geangelt hatte, den kapitalen Hirsch, den er mit dem Speer erlegte und dessen gespickter Rücken nun am Bratspieß duftete. Der Königssohn nahm die Gewohnheit an, bevor er zur Ruhe ging, noch einen Rundgang durch den blühenden Rosengarten zu machen. Dort lauschte er dem süßen Gesang der Nachtigall, denn es war Sommerzeit, und sein Herz war in Liebe entbrannt.

Eines späten Abends hörte er in der Dunkelheit leichte Schritte. Als er sich lauschend verbarg, erblickte er im Mondlicht Kriemhild. Sein Puls schlug rascher. Er griff nach ihrer

Hand, und sie entwand sie ihm nicht. Da küsste er sie auf die Stirn, drückte sie zärtlich an seine Brust und gestand ihr seine Liebe! Sie fragte ihn nach allem, was Liebende wissen möchten. Doch als sie ihm leicht über den nackten Arm strich, erschrak sie. Die Haut, die sie berührte, fühlte sich fremdartig an, fast als wäre sie keinem Lebenden zu eigen.

Kriemhild war beunruhigt und gab keine Ruhe, bis Siegfried ihr endlich von seinem Geheimnis erzählte. In der Nähe, wo heute das schöne Königswinter am Rhein liegt, hatte er gegen einen fürchterlichen Drachen kämpfen müssen. Es war ein harter Kampf, und als Siegfried schließlich dem Drachen den Todesstoß gab, spritzte das Blut in Strömen. Siegfried stellte zu seiner Verwunderung fest, dass das Drachenblut auf seiner Haut gerann und sich so fest wie Hornhaut anfühlte. Er badete in diesem Blut und bekam auf diese Weise einen undurchdringlichen Schutz. „Schützt die Hornhaut deinen ganzen Körper?", wollte Kriemhild wissen. „Ja", sagte Siegfried, „bis auf eine kleine Stelle." Zögernd zeigte er seiner Geliebten, wo das Drachenblut seine Haut nicht hatte bedecken können, weil ein Lindenblatt auf diesen Fleck zwischen seinen Schultern herabgefallen war. Kriemhild erschauderte bei dieser Erzählung. „Ich möchte alles von dir wissen!", bat sie Siegfried. So vertraute er ihr auch an, wie er dem Zwergenkönig Alberich den unermesslichen Goldschatz der Nibelungen abgerungen hatte. Kriemhild konnte es kaum fassen, als er ihr versprach: „Alles Gold und allen Schmuck werde ich dir zur Hochzeit schenken!" Am nächsten Morgen hielt Siegfried um Kriemhilds Hand an. König Gunther stellte nur eine Bedingung: Siegfried sollte ihn nach Island begleiten, wo Gunther um die schöne Königin Brunhild werben wollte. Nach glücklich bestandener Heimkehr sollte dann eine glanzvolle Doppelhochzeit gefeiert werden. Siegfried willigte freudig ein.

Brunhild war die dunkelhaarige Herrin über das Land der Vulkane. Zu ihr waren schon viele Freier vor Gunther gekommen, die im Wettkampf mit ihr das Leben lassen mussten, weil sie die Königin nicht bezwingen konnten. Brunhild trat Gunther voller Stolz und siegesbewusst entgegen. Da erschrak Gunther über die Kraft, die von ihr ausging. Zurück konnte er nicht mehr, und so bat er Siegfried um Hilfe. Am nächsten Tag sollte der Wettkampf ausgetragen werden. Siegfried holte sich die Tarnkappe vom Schiff, die er einstmals den Zwergen abgenommen hatte. Die Kappe machte ihn unsichtbar, und er konnte Gunther im Kampf mit Brunhild unerkannt helfen. Gunther hielt den furchtbaren Angriffen Brunhilds nicht stand. Als Siegfried das erkannte, brach er ihren Widerstand und zwang sie zu Boden. Brunhild musste Gunther die Herrschaft über ihr Land geben und ihn dann als seine Braut nach Worms begleiten. Als alle zurückgekehrt waren, holte Siegfried für Kriemhild den Nibelungenhort als Brautgeschenk, und sie feierten Hochzeit. Gleichzeitig wurden auch Brunhild und Gunther getraut. In der Hochzeitsnacht forderte Brunhild abermals Gunther zum Zweikampf, um sich noch einmal von seiner Stärke zu überzeugen. Nach kurzem Kampf überwältigte sie ihn, fesselte ihn an Händen und Füßen und ließ ihn bis zum Morgen am Boden ihres Schlafgemaches liegen. Als sie ihn freigelassen hatte, ging Gunther zu Siegfried und klagte ihm sein Leid. Nach langem Bitten sagte Siegfried ihm Hilfe zu. In der folgenden Nacht schlich Siegfried sich mit Hilfe seiner Tarnkappe in Brunhilds Gemächer ein. Als Brunhild erschien, bändigte er sie und nahm ihr dabei heimlich den Gürtel und den Ring ab. Am nächsten Tag schenkte er beides Kriemhild.

In Worms begann die stolze Isländerin, in Gedanken Gunther an Siegfried zu messen. Sie spürte: Der Held aus Xanten war der Stärkere. Wie beneidete sie die blonde Schwägerin! Ihr Unmut entlud sich, als eines Morgens beide Frauen die Treppe zum Dom hinaufstiegen. Brunhild, die Königin, wollte vor Kriemhild, der Frau des Vasallen, den Vortritt haben. Da schrie die Blonde der Dunklen die Wahrheit ins Gesicht: Nicht Gunther

habe sie bezwungen, sondern Siegfried. Zum Beweis zog sie Ring und Gürtel Brunhilds hervor und schritt vor ihr über die Schwelle des Doms.

Das war eine tödliche Beleidigung. Gunther musste Brunhild Genugtuung verschaffen. Er zog seinen Waffenmeister, den grimmen Hagen, ins Vertrauen. Der Plan, der Siegfried verderben sollte, war rasch ersonnen. Sie luden ihn zu einer gemeinsamen Jagd in den Odenwald ein. Doch bevor sie fortritten, ging Hagen zu Kriemhild. Er heuchelte Sorge um Siegfrieds Leben. „Der Wald ist voller Gefahren", sagte er bedrückt. „Ein wütender Wisentbulle ist stärker als zehn kräftige Männer!" Die blonde Fürstin lachte ihn aus. „Siegfried ist unverwundbar!", erklärte sie ihm. Als er das arglistig anzweifelte, gab sie die Geschichte vom Tod des Drachen preis. „Siegfried badete im Blut des Untiers, Hagen! Das hat seine Haut gestählt – bis auf eine ganz kleine Stelle." Und sie erzählte ihm auch von dem Lindenblatt. Nun wusste Hagen, wo Siegfried verwundbar war.

Nach hitziger Jagd neigte Siegfried sich über eine Quelle, um seinen Durst zu löschen. Da stieß ihm Hagen heimtückisch den Jagdspeer zwischen die Schultern. Mit letzter Kraft wandte Siegfried sich um und sah den tödlichen Hass in des Mörders Augen. Er verblutete, und die Burgunden luden dem Maulesel, der die Jagdbeute heimbringen sollte, den Leichnam auf. In der Burg zu Worms legten Gunther und Hagen den Toten vor Kriemhilds Tür. Sie fand ihn kalt und starr auf der Schwelle, als sie frühmorgens zur Kirche wollte. Schreiend sank sie zu Boden.

Die Brüder wollten ihr die Wahrheit verhehlen. „Wir fanden ihn von Räubern ermordet bei der Quelle", logen sie ungeschickt. Doch ihre Augen flackerten, und ihre Gesichter waren verräterisch blass. Kriemhild begriff, dass sie den Mörder kannten. Sie verlangte ein Gottesgericht, und sie mussten ihr den Wunsch erfüllen. Siegfried wurde vor dem Altar aufgebahrt, und jeder, der zum Hof gehörte, musste an seiner Leiche vorbeigehen. Als Hagen zu ihm trat, fing die Todeswunde aufs Neue zu

<< Hagen und Siegfried an der Quelle

bluten an. Nun wusste Kriemhild, wer Siegfrieds Mörder war. Sie forderte von ihren Brüdern Hagens Kopf. Sie weigerten sich. Doch der grimme Hagen erkannte ihre Entschlossenheit. Um ihr die Mittel zur Rache zu nehmen, holte er heimlich den Hort der Nibelungen aus dem Gewölbe und warf ihn bei Nacht in den Rhein, wo es von Riffen und Strudeln wimmelt. Nie ist ein Stück von dem Unheilsschatz wieder ans Licht gekommen.

Im Kloster Lorch ließ Kriemhild ihren Gemahl beisetzen. Dreizehn Jahre hat sie in nächster Nähe seiner Gruft gelebt und ihr Herz in Rache verhärtet. Dann kamen Brautwerber aus dem Ungarland. König Etzel waren die Schönheit der burgundischen Königstochter und der Reichtum ihrer Sippe zu Ohren gekommen. Er begehrte sie zur Frau. Sie folgte seinen Sendboten und wurde Gemahlin des mächtigen Hunnenfürsten, nicht aus Liebe, nein, um für ihre Rache endlich Waffen zu gewinnen.

Den Hunnenkönig hat sie zu bezaubern gewusst. Als sie seiner ganz sicher war, lud sie ihre drei Brüder zur Kindstaufe ein. Hagens ahnungsvolle Warnung schlugen die Könige in den Wind. Kriegerisch gerüstet, aber in friedlicher Absicht ritten sie mit all ihren Mannen an Etzels Hof. Dort angekommen fanden sie Festgewänder für jeden bereitliegen. Die streiften sie auf Hagens Geheiß über die Kettenhemden und Brustpanzer. Die Festtafel bog sich unter der Last der Speisen und Weinkrüge.

Aber Kriemhild wusste für Streit zwischen Gästen und Gastgebern zu sorgen. Plötzlich waren ringsum blanke Waffen gezückt. Die Burgunden mussten um ihr Leben kämpfen. Heldenhaft schlugen sie sich durch Scharen von Hunnen eine blutige Bresche zur Saaltür frei. Doch bevor sie den Ausgang in die schützende Nacht erreichten, ließ Kriemhild Feuer an Wandteppiche und die hölzerne Saaldecke legen. In Rauch und Flammen fochten die Könige der Burgunden, aus zahllosen Wunden blutend, ihren letzten Kampf. Nach all ihren Mannen fiel endlich auch Hagen. Kriemhild selber hatte dem wehrlosen Hagen das Haupt abgeschlagen. Voller Abscheu vor diesem

Mord zog der alte Waffenmeister Hildebrand sein Schwert und tötete schließlich auch Kriemhild.

Die größte Dichtung aus der Frühzeit der deutschen Sprache, das Nibelungenlied, hat den Untergang der Burgunden verewigt. Oft durfte ich in stillen Winternächten den Sängern lauschen, die in den Burgen an meinen Ufern der Nachwelt davon Kunde gaben. Sie sangen von Schönheit und Heldentum, von der Liebe, die über den Tod und endlose Weiten hinweg ein halbes Jahrtausend überdauert hat, und sie sangen vom Hass und der Rache einer Frau, die um das Glück ihres Lebens grausam betrogen worden war.

Vater Rhein erzählt:
# Wie Mainz zu seinem Stadtwappen kam

Wer an einem Tag von den unheiligen drei Königen von Worms zu den Heiligen Drei von Köln rudern möchte, muss früh aufstehen. Ich trage ihn zwar, ohne dass er ins Schwitzen gerät, binnen zehn Stunden dorthin. Aber Essen und Trinken und eine Rast will der Mensch ja auch haben. Der Schiffer allerdings, der sich mir nur von Worms nach Mainz anvertraut, leistet mir bloß zwei Stunden lang Gesellschaft. Angekommen hat er als guter Christ Not, nicht Schaden zu leiden an seiner unsterblichen Seele. Denn Mainz ist gleich dem „heiligen Köln" und der alemannischen Münsterstadt Freiburg berühmt geworden durch Jünger der Schwarzen Kunst. In Freiburg hat ein frommer Alchimist namens Schwarz das Schießpulver erfunden. Mainz ist die Geburtsstätte der Schwarzen Kunst, wie ihr einstmals die Buchdruckerei genannt habt. Und Köln verdankt viel von seinem Ruhm dem Zauberer und Gottesmann Albertus Magnus.

Aber ich bin ins Plaudern geraten. Aus Mainz kam mich einer oftmals besuchen, der dort zwar als Erzbischof gewirkt hat, aber doch in den Ruch des Schwarzkünstlers geriet, und das ein halbes Jahrtausend vor Gutenberg. Er hieß Willigis und war der Sohn einfacher Leute, denn sein Vater war Rademacher gewesen, ein braver Werkmann in einer Zeit, als vom goldenen Boden des Handwerks noch nicht die Rede sein konnte. Willigis wuchs in eher ärmlichen Verhältnissen auf, war aber regen Geistes und kam nur dank seines hellen Kopfes zum Studium christlicher Gotteslehre. Einmal auf der Leiter nach oben, stieg er immer höher und saß auf dem Erzbischofsstuhl von Mainz, bevor Söhne aus hochadligen Häusern es auch nur zu Kaplänen gebracht hatten.

Das wurmte ein paar dieser Sorte mächtig. Nur üble Nachrede konnte Willigis wieder ins Nichts zurückstoßen. Seine Neider verbreiteten also das Gerücht, dass er es nur auf krummen Wegen so weit habe bringen können, mit Hilfe Schwarzer Kunst, Zauberei, teuflischer Allianz und was sonst den Menschen wohltut zu hören, die es so weit nicht gebracht haben wie tüchtigere. Von einem geheimen Gemach wussten die bösen Zungen zu berichten, in welchem der Kirchenfürst mit dem leibhaftigen Teufel Gespräche führe.

Als solche Gerüchte – damals konnten sie leicht Gefahr für Leib und Leben bringen – das Ohr des Kaisers erreichten, dessen Kanzler und Ratgeber damals die Erzbischöfe von Mainz waren, wollte der Gekrönte sich Gewissheit verschaffen. Er verlangte von Willigis Einblick in das Geheimkabinett, aus dem er stets neu gestärkt zurückkehrte. Der Erzbischof kam dem Wunsch des Herrschers nach, wenn auch widerstrebend. Hinter der dreifach verschlossenen Tür lag, wie Kaiser Otto der Zweite staunend erlebte, eine Kammer, die ohne jedes Möbelstück war. Nur ein Pflug mit zwei Rädern stand darin, sonst nichts. Zwei Räder waren auch an die Wand gemalt und darunter der Spruch:

„Willigis, Willigis,

denk immer daran, woher du stammst!"

Da wusste der hohe Herr, woher der Erzbischof neue Kraft schöpfte. Nie mehr hat er ihm misstraut, nie hat er sein Geheimnis preisgegeben. Aber als Wappenbild verlieh er dem Sohn des Rademachers die beiden roten Räder. Die hat später Willigis, der Sohn armer Leute, als sein einziges irdisches Gut der Stadt seiner Väter vererbt. Noch heute, fast ein Jahrtausend nach seinem Tod, schmücken sie das Stadtwappen des „goldenen Mainz".

Vater Rhein erzählt:
# Kaiser Karls Lieblingstochter

Bei dem Städtchen Ingelheim hatte sich der große Frankenkönig Karl eine Pfalz gebaut. Bald wurde sie sein Lieblingsaufenthaltsort. Die freundliche Landschaft mit ihren wunderschönen Weinbergen bescherte ihm viele frohe Stunden. Hier lebte er, wenn ihn die Sachsen nicht zwangen, zu Felde zu ziehen. Und zu leben hat er gewusst. Er liebte den Wein und die Frauen. Nein, mit einer einzigen hat er sich nicht begnügt. Fünf an der Zahl schenkten ihm Kinder. Und für die hat er väterlich gesorgt.

Emma, die er einer feurigen Römerin verdankte, war seine Lieblingstochter. Sie wuchs in Ingelheim auf. Und er gab ihr keinen geringeren Lehrer als seinen Ratgeber und Geheimschreiber Einhart. Der war ein hochgebildeter und doch noch junger Mann, wie König Karl selber von stattlichem Wuchs. Er genoss uneingeschränktes Vertrauen und hat das auch niemals enttäuscht, bis auf ein einziges Mal. Und das kam ihn teuer zu stehen.

Emma erwies sich in manchem als Kind ihrer Mutter: Ihr Herz war leichter entzündlich als das Holz dürrer Rebstöcke – nur dass es kein Strohfeuer blieb, wenn es einmal in Flammen stand. Einhart erwies ihr alle Zurückhaltung, die er der Tochter seines Herrn und Gebieters schuldig zu sein glaubte. Aber auch er war nicht aus Stein. Und als das Mädchen begann, weiblichen Reiz zu entwickeln, fiel ihm sein Lehramt von Tag zu Tag schwerer. Er spürte, wie er in Versuchung geriet. – Oder war es Emma, die ihn in Versuchung führte? Sie wird ihm schon Augen gemacht haben, in aller Unschuld zuerst, aber sicher blieb es nicht lange dabei. Er wurde der Mann ihrer Träume, ihr Abgott und schließlich ihr Geliebter. Verschwiegenheit war ihnen beiden selbstverständlich; das Leben am Hof erzieht ja dazu. Und so blieb ihr Liebesglück lange verborgen.

Doch eines sehr frühen Wintermorgens, als Einhart sich aus dem Frauenhaus der Königspfalz fortstehlen wollte, war Schnee gefallen. Die Fußspur eines Mannes hätte ihr Geheimnis verraten. Tagsüber versteckt halten konnte Emma ihren Geliebten erst recht nicht. Sie trug ihn also mit weiblicher List huckepack über den Schlosshof. Dieser Weg sollte sie ins Verderben führen.

Es war eine Vollmondnacht, und nie fand der König in so hellen Nächten Schlaf. Als er im Hof ein Geflüster, dann Schritte hörte, trat er ans Fenster. Da sah er seine Lieblingstochter einen Mann auf dem Rücken über den Hof tragen. König Karl wunderte sich zunächst, doch schnell erahnte er die Zusammenhänge. Am liebsten wäre er wutentbrannt auf Einhart losgegangen. Aber hätte er nicht zugleich seine Lieblingstochter ins Unglück gestürzt? Der König zögerte. Grübelnd durchwachte er die ganze Nacht. Es gab nur einen Ausweg. Also befahl der König frühmorgens Einhart allein vor seinen Thron. Und ihm, seinem Ratgeber, stellte er finster die Frage: „Was hat eine Tochter aus königlichem Geblüt verdient, die nachts einen fremden Mann bei sich aufnimmt?" Einhart erschrak. Er hatte das Vertrauen seines Herrn schändlich missbraucht, das wusste er. Und um sein eigenes Schicksal hatte der König ihn gar nicht erst befragt. Er war verloren. Nur die Geliebte galt es zu retten. Einhart gab mit fester Stimme zur Antwort: „Hoher Herr, seid gnädig mit eurer Tochter!"

Da aber dröhnte die mächtige Stimme König Karls ihm in die Ohren: „Und der Mann, der sich nachts in die Kammer der Tochter schleicht? Was hat der verdient?" Einhart wusste die einzige Antwort, die er dem König schuldig war. „Den Tod", sagte er und senkte das Haupt wie über dem Richtblock.

Der hohe Herr stand auf von seinem Thron und winkte Einhart, ihm zu folgen. Im Vorzimmer öffnete er eine Tür. Hervor trat Emma, und ein Blick auf die zornrote Stirn ihres Vaters und das bleiche Gesicht des Geliebten sagte ihr alles. Sie beugte das Knie vor dem König. „Gnade, liebster Vater! Er ist mir mehr als die ganze Welt!" Da kniete auch Einhart vor seinem König und Herrn nieder und stimmte mit ein in ihr Flehen um Gnade.

Dem Frankenkönig war Liebe nicht fremd. Er schloss die Augen und sann und sann. „Liebende darf man nicht trennen", sagte er endlich mühsam. Und weiterzusprechen fiel ihm noch schwerer. „Aber aus meiner Nähe seid ihr verbannt. Wechselt die Ringe und nehmt meinen Segen. Dann aber geht, so weit euch eure Füße tragen!" Hinter ihm schloss sich die Tür. Die Liebenden waren allein und umarmten sich weinend. Am nächsten Tage verließen sie beide die Königspfalz von Ingelheim und machten sich auf den Weg in die Fremde. Auch König Karl betrat die Pfalz dann jahrelang nicht mehr. Der Sachsenaufstand zwang ihn zum Eingreifen. Krankheit hielt ihn bei den Heilquellen von Aachen fest. Zur Kaiserkrönung ritt er nach Rom. Die Zeit verging, und der Scheitel des Kaisers war grau geworden. Von seinen neuen Beratern trennten ihn drei Thronstufen mehr. Die alte Vertrautheit mit Einhart war nur noch Erinnerung. Sein Herz war einsam geworden. Er sehnte sich nach Jugend. Die einzige Zerstreuung, die ihn aus der strengen Würde seiner Palastmauern erlöste, war die Jagd geworden. Ihr zuliebe kam er nun doch wieder regelmäßig nach Ingelheim in die glanzvoll ausgebaute Kaiserpfalz.

Noch immer, wie zu Siegfrieds Zeiten, war der Odenwald das wildreichste Jagdrevier in weitem Umkreis. So ritt der Kaiser denn auch heute wieder einmal über den Rhein, um den Hirsch und den Bär zu jagen, das Reh und den Eber. Und es passierte dem König, dass ihn die Jagdleidenschaft, wie in Jugendtagen, von seiner Begleitung trennte. Der Kronenhirsch, auf den er es abgesehen hatte, ein Zwanziger mit ausladendem Geweih, zog ihn wie mit Zaubergewalt hinter sich her, weiter und weiter, ein unermüdlicher Renner, bis an das breite, gefährliche Wasser des Mains.

Hier war nun die Jagd zu Ende. Mit leichter Mühe durchschwamm der Hirsch den Fluss. Der Kaiser konnte und durfte ihm nicht folgen. Es begann schon zu dämmern. Und die Gegend war reine Wildnis, dem Jäger so fremd wie ein Traumland. Er musste bedenken, wo er die Nacht verbringen könnte. Aber die Hoffnung auf ein schützendes Dach war gering. Als am Himmel schon die ersten Sterne aufleuchteten, sah Kaiser Karl in der Ferne ein winziges Licht. Vorsichtig ritt er darauf zu und kam endlich vor eine Holzhütte. Sie war erhellt und also bewohnt. Auf sein Klopfen ans Fenster trat ein großer blondbärtiger Mann heraus. Den bat der hohe Herr, ohne sich zu erkennen zu geben, um Obdach. Er habe sich auf der Jagd verirrt, erklärte er dazu.

Der Mann lässt ihn ein. In der Stube sitzt eine junge Frau mit einem kleinen Kind auf dem Schoß. Mann und Frau sehen sich flüchtig an. Der Kaiser will nichts essen. Er lässt sich todmüde auf ein Lager aus dürren Blättern, mit Fellen bedeckt, fallen. Er grübelt. Er muss an vergangene Zeiten denken. Auch er selber hat einmal eine junge Frau gehabt. Auch sie hielt ein Kind auf dem Schoß. Wie hieß es doch? Emma hieß es. Wie lange das her war! Und was mochte aus dem kleinen Mädchen von damals geworden sein? Es waren schwere Gedanken, die ihn grübeln ließen. Wehmütig und traurig musste er an seine Lieblingstochter denken.

Er schrak auf, als das Kind vor ihm stand. Ein kleines Mädchen von knapp fünf Jahren, so meinte er zu sehen. Es bot ihm sein Kinderhändchen zum Gruß. Er griff behutsam danach. Kleine Mädchen darf man nicht schrecken. Und dann fragte der alte Mann leise: „Wie heißt du, mein Kind?" Es antwortete unbefangen mit hellem Stimmchen: „Ich heiße Emma!" Da kamen dem Kaiser die Tränen.

Standen nicht plötzlich auch die Eltern des Kindes vor ihm, und fielen nicht Tränen auch aus ihren Augen? Es war wie ein Traum. Er hatte sie wieder, die verlorene Tochter, den Liebling aus längst vergangenen Zeiten, und den verlorenen Sohn. Ja, sie waren es, Emma und Einhart! Sie küssten ihn, und er schloss sie in seine Arme.

Kaiser Karl nahm sie mit zu sich nach Hause an den Hof, von dem er sie einst verstoßen hatte. Er gab dem blonden

Gelehrten den Auftrag, die Lebensgeschichte des Kaisers zu schreiben.

Die ist bis auf den heutigen Tag erhalten. Dort, wo er die Liebenden in ihrer bescheidenen Holzhütte wiedergefunden hatte, errichtete er ein bescheidenes Gotteshaus, aber aus Quadern gemauert. Seligenstadt heißt noch heute der Ort, der dabei wuchs. Und in der Kirche von Seligenstadt, der Einhartsbasilika, könnt ihr auch ihre Gräber besuchen. Denn dort liegen sie auch noch im Tode vereint, die großen Liebenden Einhart und Emma.

Vater Rhein erzählt:
# Der Binger Mäuseturm

    Bischof Hatto von Mainz hat vor tausend und ein paar Dutzend Jahren gelebt. Er war, wie noch jahrhundertelang seine Nachfolger, beides in einer Person: Diener der Kirche und Landesfürst. Wie er als Bischof tätig war, wüsste ich nicht zu sagen. Sicher ist aber: An dem Landesherrn Hatto ließen schon zu seinen Lebzeiten die Untertanen kein gutes Haar. Sie hatten wohl Grund zur Unzufriedenheit. Das „goldene Mainz" war seit ältesten Zeiten eine Stadt, die vom Handel und vom blühenden Gewerbe lebte. Die Schifffahrt auf meinen Gewässern brachte ständig neue Waren und Reichtümer in Hattos Stadt. Es fiel ihm nicht schwer, Kaufleute und Handwerker kräftig zu schröpfen. Aber auch das Land weit in der Runde schuldete seinem Gebieter Steuern. Ein Zehntel von allen Erträgen musste dem Fürsten überlassen werden, bei guten wie bei schlechten Ernten. Der „Zehnte" wurde in Landesprodukten entrichtet, vor allem in Wein und Getreide, denn Geld war bei Bauern und Winzern damals ein rarer Artikel. Was sie in Fässern und Säcken nach Mainz zu bringen hatten, wurde in Scheuern und Kellern verwahrt.

    Doch all dieser Reichtum genügte Hatto noch nicht. Auch auf meine Schiffer hatte er es abgesehen und auf die vom Main, meinem stärksten Nebenfluss. Hin und her überlegte der Bischof, wo er die Schiffe zum Halten zwingen könnte, damit auch sie ihm Tribut zahlten. Nun guckt, wie ihr wohl wisst, gleich unterhalb des Städtchens Bingen, wo mir das lustige Naheflüsschen ins Bett gehüpft kommt, ein Felseninselchen ganz niedrig aus dem Fahrwasser der Schiffer hervor. Von ihm aus verläuft eine Klippenstufe nach beiden Ufern, die muss ich mit tüchtigem Schwung überspringen. Ihr könnt sie nicht sehen, sie bleibt unter Wasser, aber die Schiffer haben sich immer vor ihr gefürchtet. Gern legten sie an dem Inselchen an, um zu beten, bevor sie sich in eine der beiden engen, gefährlichen Durchfahrten hineinwagten.

    Hatto zog daraus Nutzen. Auf dem Felseninselchen errichtete er einen steinernen Turm und besetzte ihn mit Zöllnern. Die mussten fortan jedem Schiffer einen Batzen Geld aus der Tasche ziehen, bevor sie ihn weiterfahren ließen. Ich will es mir ersparen, die Schimpfwörter und Flüche wiederzugeben, die ich von da an tagtäglich zu hören bekam! Hatto kam eigens von Mainz nach Bingen gefahren, um das zornige Geschrei von der Zinne des neuen Turms aus zu genießen.

Seine Schadenfreude hat ihn denn auch ins Verderben geführt. Wenige Jahre nach dem Bau seines Zollturms gab es landauf und landab eine Missernte. Eine wahre Sintflut hatte sich wochenlang über Felder und Weinberge ergossen. Das Getreide faulte am Halm, die Reben am Stock. Doch Hatto blieb hart. Seine Untergebenen holten dem Bauern den letzten Sack Korn vom Speicher, dem Winzer das letzte Fass Wein aus dem Keller. Seine Zehntscheuern waren voll wie in guten Jahren, und in den Kellern liefen ihm die Weinfässer beinahe über. Dem Landesherrn konnte es gar nicht schlecht gehen. Nur seine Untertanen mussten hungern und darben.

Als dann auch noch ein eisiger Winter auf den verregneten Sommer folgte, stieg die Not der Menschen in Stadt und Land ins Uferlose. Viele starben, andere rotteten sich zusammen, zogen nach Mainz vor den Bischofspalast und verlangten Hilfe. Hilfe von Hatto? Der saß an reich gedeckter Tafel und ließ es sich gut gehen. Als er sie rufen hörte, die Hungerleider, schmeckte ihm sein Leibgericht noch besser. Als sie zu schreien begannen, soll er zu Tischgenossen gesagt haben: „Lieber mäste ich in meinen Vorratsräumen die Mäuse mit Korn, als den Schreihälsen auch nur ein bisschen abzugeben!"

Aber sie haben sich nicht mit Geschrei begnügt. Sie schleppten Balken und Seile in der Absicht herbei, den Bischofspalast zu stürmen. Da musste sich Hatto bequemen zu handeln. Er trat auf den Balkon und sah auf die Rebellen hinab. „In meinem Haus hier werdet ihr nicht genug finden, um alle satt zu werden", rief er ihnen zu. „Geht zur Zehntscheuer! Die wird euch aufgetan. Jeder darf mitnehmen, so viel er zu tragen vermag!"

Da jubelten sie ihm wieder zu, ihrem guten Landesherrn, wie in besseren Zeiten. Dann rannten sie, so schnell ihre Füße sie trugen, an die Stelle, wo sie das Schlaraffenland anzutreffen glaubten.

Aber so viel Getreide sie auch zusammenrafften und in handliche Tragbeutel füllten, der Speicher wurde nicht leer. Als jeder genug zu schleppen hatte, ging es zurück zu dem Tor. Aber so weit geöffnet es war, als sie kamen, so fest verschlossen fanden sie es nun. Es war mit den Balken verkeilt, die sie selber zum Sturm auf den Bischofspalast herbeigeschafft hatten, verrammelt und verbarrikadiert – es gab kein Entrinnen für alle, die drinnen eingesperrt waren.

Kein Entrinnen vor dem Tod gab es für sie. Denn schon war Befehl gegeben, die riesige Zehntscheuer in Brand zu stecken. Hatto selber gab den Befehl. Brennende Pechkränze flogen aufs Dach. Das Gebälk fing Feuer. Es regnete flammende Dachsparren auf die Eingeschlossenen hinab. Sie schrien in ihrer Todesnot, wimmerten vor Schmerzen, brüllten Verwünschungen auf den Mörder, erstickten einer nach dem anderen in Rauch und Qualm, verbrannten zu Asche, und Hatto weidete sich an all dem Jammer. Er war ein grausamer Mann. Die Hungernden waren in seinen Augen Rebellen, und Rebellen hätten kein Mitleid verdient, sondern den Tod, sagte er mit eisiger Stimme. Erst als die Mäuse in ungeheuren Scharen seinen Palast überschwemmten, überkam ihn zum ersten Mal Angst. Es waren dieselben Mäuse, die er durch seine Brandstiftung aus der Zehntscheuer vertrieben hatte. Mäuse finden auch da einen Ausweg, wo er Menschen verwehrt ist. Nun waren die Mäuse obdachlos, und zu fressen brauchten sie auch. Viel brauchten sie, denn sie waren verwöhnt. Sie fraßen ihn kahl. Bald hatten sie im weiten Bischofspalast auch nicht eine Brotkrume übrig gelassen.

Bischof Hatto flüchtete aus seinem Haus. Der Turm, den er mitten im „Binger Loch" im Rhein erbaut hatte, fiel ihm als

Zufluchtsort ein. Da war er vor Mäusen sicher. Meine reißende Strömung durchschwimmen würden sie nicht können. Als aber Hatto in Bingen am Ufer stand und den Kahn erwartete, der ihn zu seinem Turm hinübertragen sollte, verlor er fast den Verstand. Die Mäuse waren ihm auf dem Fuße gefolgt. Ihr graues Gewimmel umgab ihn auf Schritt und Tritt. Als er endlich in den rettenden Kahn stieg, sprangen auch die Mäuse ins Wasser und verfolgten ihn bis auf die Insel. Zehntausende sind ihm schwimmend gefolgt. Und so viele auch davon ertranken, so viele neue rückten ihnen nach.

Sie sollen ihn bei lebendigem Leibe aufgefressen haben, die Mäuse aus seiner eigenen Zehntscheuer, als sie nichts anderes Essbares mehr fanden in Hattos sicherem Turm. Wenn man der Sage Glauben schenkt, trägt der „Mäuseturm" also seinen Namen völlig zu Recht. In Wirklichkeit aber kommt der Name wohl eher von der „Maut", wie der Zoll hieß, der hier noch jahrhundertelang erhoben worden ist. Was aber werden die Schiffer gedacht haben, wenn sie sich dem Mäuseturm näherten, wo sie ihre Steuern zahlen sollten? Ob sie nicht doch so geflucht haben, wie es uns die Sage weismachen will?

Vater Rhein erzählt:
# Brautwerbung auf Burg Rheinstein

Rheingold kommt längst nicht mehr in meinem Ufersand vor. Schon als die Burgunden goldhungrig wurden, mussten sie Helden zu Leibe gehen, die es von anderswo mitbrachten. Dabei ist es dann auch später geblieben. Die Herren auf den prächtigen Rheinburgen schröpften Schiffer und Handelsleute. Und wenn sie bei einem kein Gold fanden, nahmen sie eben mit Silber vorlieb.

Geld war etwas, das dem Ritter Diethelm auf Burg Rheinstein in seinem langen Leben immer zwischen den Fingern zerronnen war. Wenn ihn sein Mangel kränkte und schmerzte, fand er Trost im Anblick seiner schönen Tochter Gerda, die aus einer spät geschlossenen Ehe hervorgegangen war; ihre Geburt hatte das Leben der Mutter gekostet. Das Mädchen war nun in dem Alter, umworben zu werden. Und der Vater träumte oft wachen Auges von einem reichen Freier, der ihn für die Hergabe der Tochter entschädigen sollte.

Es gab da zwar einen, dem weder Jugend noch Schönheit fehlte, des alten Sternbergers ältester Sohn namens Helmbrecht. Aber auch auf Burg Sternberg regnete es kein Gold. Reichtümer waren von dort nicht zu erwarten. Doch das hielt Helmbrecht nicht davon ab, von Gerda zu schwärmen. Und resolut, wie er war, ritt er eines Tages zu seinem Onkel, dem Gunzelin von Reichenstein, und bat ihn, als Brautwerber bei Gerdas Vater vorzusprechen.

Gunzelin, ein grauhaariger Hüne mit großem Vermögen zweifelhafter Herkunft, war der nächste Nachbar von Ritter Diethelm, und er wusste, dass Gerdas Vater einen reichen Schwiegersohn haben wollte.

Als Gunzelin Gerda gegenüberstand, bekam er selbst Appetit auf das junge Mädchen und warb, statt für seinen Neffen Helmbrecht, selber um sie. Er selber wollte Gerda zur Frau, koste es, was es wolle. Der Vater, von seinem Reichtum und stattlichem Auftreten geblendet, willigte ein. Das war doch ein gestandener Mann, einer, der etwas besaß, kein junger Habenichts oder Sohn eines Habenichts, wie es der Sternberger bekanntlich war! Und da es der Herr Nachbar sehr eilig hatte, wurde die Hochzeit gleich für einen der nächsten Tage festgesetzt. Sie sollte in der Klemenskapelle von Trechtingshausen vollzogen werden. Die liegt zu Füßen des Rheinsteins und des Reichensteins dicht an meinem Ufer.

Gerda war außer sich, als sie den Namen ihres Zukünftigen hörte. Ihre Wünsche waren auf den jungen Helmbrecht gerichtet. Gunzelin galt ihr als alter Mann. Sie weinte laut. Ihr Vater versuchte, sie zur Vernunft zu bringen. Als das nichts half, tobte und schrie er. Dann sprach er ein Machtwort. Er hatte Gunzelin von Reichenstein sein Ritterwort gegeben, basta! Als Helmbrecht angeritten kam, um Ritter Diethelm umzustimmen, stand er vor verschlossenen Türen. Er habe sein Wort verpfändet, ließ ihm der Alte bestellen. Das Mädchen verging in Tränen. Ihr Glück war, dass sie sich dazu den Burggarten aussuchte.

Tränen nämlich locken Wassergeschöpfe von weither an. Eines davon haust in dem Bach, der neben der Burg vom Hunsrück hinabbraust. Mein Nixenkind hörte den Jammer und wusste Rat. Am Hochzeitsmorgen des ungleichen Paares lag ein Hornissennest am Rand des Weges, den Braut und Bräutigam zur Klemenskapelle hinabreiten mussten. Als Gunzelin kam, flog, von Nixenhand geschleudert, ein scharfes Stück Schiefer aus großer Höhe herunter, traf das Hornissennest und riss es auf. Wer je zornige Hornissen erlebt hat, weiß, was dann geschah. Sie stürzten sich auf den Bauch des Hengstes, auf dem der falsche Bräutigam saß. Das arme Pferd, von zahllosen brennenden Stichen gequält, ging hoch und warf den Reiter ab, den Steilhang hinunter. Er brach sich den Hals. Die Braut hatte mehr Glück. Sie rettete der junge Helmbrecht von Sternberg. Vor Kummer hatte er sich oberhalb der Kapelle verborgen gehalten.

Nur eine Woche später stand er, der Retter, mit Gerda von Rheinstein vor dem Traualtar. Das war in der gleichen Klemenskapelle, in der sie beide ein Menschenalter später nach langer glücklicher Ehe zur letzten Ruhe gebettet wurden.

Vater Rhein erzählt:
# Der Meisterschuß auf Burg Sooneck

Wo mein Rheintal fast zur Schlucht wird, stehen viele Burgen zusammen. Einst galt das Wort: Wo viele Burgen sind, ist auch viel Streit. Wozu sonst hätten sich die Herren Ritter so unnahbar gemacht? Streit aber nahm damals selten ein gutes Ende, schon gar nicht unter Nachbarn, selbst wenn der Anlass gering war. Auch zwischen den Burgherren auf den Burgen Sooneck und Fürstenberg war es wegen einer Kleinigkeit zum Streit gekommen. Aber Siebold von Sooneck war ganz besonders empfindlich. Hans Veit von Fürstenberg nämlich war weit und breit berühmt, er aber nicht. Neid erfüllte ihn immer mehr, und er sann nach, wie er es ihm zeigen konnte. Siebold von Sooneck wollte jetzt allen beweisen, dass er nicht hinter dem Nachbarn zurückzustehen brauchte. Als Schütze mit der Armbrust war Hans Veit von Fürstenberg zwar nicht zu schlagen, aber gab es nicht andere Beweise für Siebolds Tüchtigkeit? Er forderte Hans Veit zum Kampf mit der blanken Waffe. Da war ihm der Meisterschütze nicht gewachsen, das wusste Siebold. Er hatte Bärenkräfte, der Soonecker. Als Haudegen war er zu Recht gefürchtet.

Hans Veit von Fürstenberg schlug sich tapfer mit seinem Herausforderer, doch dann versagten seine Kräfte. Da der Kampf auf Leben und Tod gegangen war, gab er sich schon verloren. Doch Siebold ging es nicht darum, ihn ins Grab zu bringen. Er hatte sich Schlimmeres ausgedacht. Als Hans Veit am Boden lag, rief der Soonecker seine Knechte herbei. Sie banden den Wehrlosen und schleppten ihn hinauf in den Burghof des Siegers. Dort stachen sie ihm auf Befehl ihres Herrn beide Augen aus. „Nun bist du der beste Schütze gewesen", brüllte Siebold dem grässlich Geschändeten höhnisch zu. Im Kerker, tief unter dem Burgturm, ließ er ihn gleichwohl bis zur Genesung pflegen. Noch waren Neid und Hass in ihm nicht zufrieden. Monate später war der Rittersaal auf Burg Sooneck mit Fackeln und Kerzen festlich beleuchtet. Der Burgherr feierte wieder ein ausschweifendes Fest. Zu seinen Burgmannen hatte er auch Nachbarn eingeladen. Speisen und Trank gab es im Überfluss.

Um das Fest unvergesslich zu gestalten, war auch eine leichtgeschürzte Tänzerin zugegen. Musikanten spielten, und die Ritter mit ihren Mannen ergötzten sich an den lustvollen Dirnen, die sich hingebungsvoll in ihren Armen wohl fühlten. Es wurde ein langer Abend, und alle waren berauscht.

Um Mitternacht stellte sich Siebold von Sooneck auf die unsicher gewordenen Füße. „Jetzt kommt der Höhepunkt des Abends! Unser Ehrengast tritt auf, der Mann, den ich wohlverwahrt aufgehoben habe für das heutige Fest: Hans Veit von Fürstenberg, einst der beste Schütze rheinauf und rheinab!" Und schon stießen zwei Knechte den Blinden zur Saaltür hinein. Mit bärtigem Antlitz und leeren Augenhöhlen wankte er ein paar Schritte vorwärts, in Lumpen gehüllt, ein Bild des Jammers, wenn auch jetzt noch nicht ohne Würde. Siebold von Sooneck weidete sich an diesem Anblick. Dann aber sprach er den Blinden an, und seine Stimme war satt von Hohn: „Du, aller Schützen Meister und unübertreffliches Vorbild, der die Schwalbe im Flug traf und den Hasen im Lauf, mir zu Gefallen wirst du doch auch jetzt noch ein Ziel zu treffen wissen, das ich dir stelle! Der goldene Becher hier soll mir nicht zu schade sein. Durchbohr ihn mit deinem Bolzen! Durchbohr ihn im Flug, und du sollst frei sein und gehen dürfen, wohin es dich gelüstet!"

Ein Zucken im Gesicht des Blinden verriet seine Bewegung, als ihm die Knechte Armbrust und Bolzen in die Hände drückten. Er lud den Bolzen und hob die Waffe zum Schuss. Und Siebold rief: „Schieß! Was hilft dir langes Zielen?" Damit warf er den Goldbecher hoch. Im gleichen Moment fuhr ihm der Bolzen in den Hals.

Der Getroffene fiel um, wie vom Blitz hingeschmettert. Er verblutete röchelnd. Gäste und Dirnen rannten schreiend vor Angst aus dem Saal. Wer mochte das nächste Opfer des Meisterschützen werden? Der aber hatte die Armbrust gesenkt. Tränen rannen ihm aus den leeren Augenhöhlen. Stolze Tränen? Tränen aus Schmerz um die verlorene Schützenlust? Wer wollte das sagen?

Vater Rhein erzählt:
# Die Pfalz im Rhein

Die Pfalz bei Kaub ist eine kleine Felseninsel im Rhein, Wasser umrauscht mitten in meinem Strombett gelegen. Auf der Insel steht auch heute noch die kleine alte Zollburg „Pfalzgrafenstein". Sie war nicht immer ein so anmutig wehrhaftes Prunkstück der Baukunst wie heute. Vor etwa achthundert Jahren, zu Zeiten des großen Kaisers Friedrich Barbarossa, stand auf der Felseninsel nur ein kahler Zollturm, ähnlich wie der Mäuseturm von Bingen. Und doch hat sich in seinen ungastlichen Mauern eine so zauberhafte Liebesgeschichte abgespielt, dass ich noch heute ins Schmunzeln gerate, wenn sie mir einfällt. Barbarossa und der große Welfenherzog Heinrich der Löwe in Braunschweig waren zwar leibliche Vettern, aber trotzdem in bitterem Streit. Pfalzgraf Konrad bei Rhein, auf Burg Stahleck über Bacharach, war auch ein mächtiger Fürst. Konrad war mit dem Kaiser durch eine alte, erprobte Freundschaft verbunden. Seine Gemahlin und ihr einziges Kind, die schöne Agnes, waren seine große Freude. Und Graf Konrad schmiedete Pläne, wie er die Jungfrau gebührend vermählen könne, möglichst an den Hof eines dem Kaiser ergebenen Sohnes aus möglichst bedeutendem Fürstenhaus natürlich. An das musste nach Konrads seligem Ende einmal die wichtige Pfalzgrafenschaft fallen. Einen männlichen Erben hatte der Graf ja nicht. Umso höher griff er in seinen Träumen.

Aber Agnes dachte nicht an Familienpolitik, als sie sich eines schönen Tages verliebte. Ausgerechnet Heinrich, den Sohn des trotzigen Braunschweiger Löwen, hatte sie sich in den Kopf gesetzt. Graf Konrad begriff die Welt nicht mehr. Aber was er sich selbst schuldig war, wusste er umso besser. Seine Frau hatte großes Verständnis für Agnes, doch das konnte er nicht billigen. Um dem Töchterlein die Flausen auszutreiben und der Mutter dazu – denn die Frauen hielten zusammen – sperrte er beide in den unzugänglichen Turm, mitten im Rhein auf der Pfalz. Die Einsamkeit würde beide schon mürbemachen, dachte der Schlaukopf. Flügel waren dem jungen Welfen ja schließlich nicht gewachsen!

Aber der verliebte Heinrich brauchte weder Flügel noch Flossen, sondern nur einen Kahn. Bei Vollmondschein ruderte ein Fährmann ihn zur Insel hinüber. Dass Agnes ihm jubelnd um den Hals fiel, brauche ich nicht zu versichern. Als die Mutter das große Glück der beiden erkannte, gab sie ihnen ihren Segen. Und schon in einer der nächsten Nächte erhielt der Fährmann ein zweites Mal Arbeit. Diesmal war der Priester von Kaub sein Fahrgast. Er segnete den Ehebund von Heinrich und Agnes, bevor er im Morgengrauen wieder heimruderte. Das Glück des Pfalzgrafentöchterleins mit dem Welfenprinzen bedurfte des rauschenden Festgepränges nicht.

Geborgenheit und Frieden boten auch der karge Turm und die enge Stube. Und nach den Freuden der Brautnacht sangen Rheinnixen sie in seligen Schlaf. Gewiss, Pfalzgraf Konrad bekam, wenn er an Frau und Tochter dachte, ein wehes Herz. Agnes und Heinrich aber hatten mehr Grund zur Freude, als er je geahnt hätte, bis eines Tages ihr Lachen in Nachdenken umschlug. Da wurde es Zeit, Farbe zu bekennen. Die Pfalzgräfin ließ ihren Gemahl dringend um seinen Besuch bitten. „Ha, die Frauen sind es nun beide satt", dachte er triumphierend. Er hatte es gar nicht so eilig, zu kommen. Doch dann erlebte er eine gewaltige Überraschung, als er sich endlich auf den Weg machte.

Dass der Welfe hinter seinem Rücken zu seinem Schwiegersohn aufgerückt war, wollte er erst gar nicht glauben. Dann aber brach er los. Bis hinüber nach Kaub hat man seine Stimme dröhnen gehört. Ja, er mäßigte sich erst, als Agnes eine zweite Enthüllung machte: „Es ist an der Zeit, dass ich es dir verkünde, Vater, bald wird unser Glück noch größer sein, bald wirst du einen Enkel haben." – „Oh, diese Frauen!", brüllte er noch. Dann endlich begriff er und wurde ganz still. Was blieb ihm noch übrig, als an den Hof des Kaisers zu reiten und ihm zu

beichten, was er nicht zu verhindern gewusst hatte? Barbarossa aber war nicht so unwirsch wie er. Er lächelte in seinen roten Bart. Konrad hatte alles andere erwartet, als dass ihm der hohe Herr sogar noch zusprach und die Hand reichte. Er ließ dem Pfalzgrafentöchterlein seinen kaiserlichen Dank ausrichten. „Dank, hoher Herr, für meine Tochter?", stotterte Konrad. „Wohlan, mein Freund, deine Tochter hat gut dafür gesorgt, die Welfen dem Kaiserhaus wieder nahezubringen", bekam er zu hören. Konrad meinte zu träumen, als sich der Kaiser gar erbot, das Kind einer so großen Liebe mit seiner Patenschaft zu beehren.

Als Konrad wieder zu Hause war, wurde ein großes Fest gefeiert, nicht in dem kahlen Turm auf der Kauber Insel, nein, in den prunkvollen Räumen der Burg Stahleck über Bacharach. Doch das Kind hat das Licht der Welt auf der Insel erblickt, nach dem Wunsch seiner Eltern und auch seines klüger gewordenen Großvaters, des Pfalzgrafen: Denn schließlich hätte es ohne den Turm in meinem Strombett dieses Kind vielleicht nie gegeben. Im uralten Turm der heutigen Burg ist der Raum noch zu sehen, wo seine Wiege stand.

# Die Loreley *von Heinrich Heine*

Ich weiß nicht was soll es bedeuten,
Daß ich so traurig bin;
Ein Märchen aus alten Zeiten,
Das kommt mir nicht aus dem Sinn.

Die Luft ist kühl und es dunkelt,
Und ruhig fließt der Rhein;
Der Gipfel des Berges funkelt
Im Abendsonnenschein.

Die schönste Jungfrau sitzet
Dort oben wunderbar;
Ihr goldnes Geschmeide blitzet,
Sie kämmt ihr goldenes Haar.

Sie kämmt es mit goldenem Kamme
Und singt ein Lied dabei;
Das hat eine wundersame,
Gewaltige Melodei.

Den Schiffer im kleinen Schiffe
Ergreift es mit wildem Weh;
Er schaut nicht die Felsenriffe,
Er schaut nur hinauf in die Höh'.

Ich glaube, die Wellen verschlingen
Am Ende Schiffer und Kahn;
Und das hat mit ihrem Singen
Die Lore-Ley gethan.

Vater Rhein erzählt:
# Die Loreley und der Mönch Goar

An meinen Ufern wird viel gesungen, das war von jeher so. Immer fühlten Sänger sich zu mir hingezogen. Unter der uralten Kirche Sankt Severin in Köln ist ein Grab aus der Römerzeit gefunden worden, in dem ein Sänger mitsamt seiner Leier lag. Seine Verehrerinnen haben über seiner Leiche den Sarg ganz mit Rosen gefüllt. Im Mainzer Dom ruht unter seinem Bildnisstein der berühmte Sänger Frauenlob aus dem hohen Mittelalter. Und aus Düsseldorf stammt der Sänger, der mein Lieblingskind weltberühmt machte, die Loreley.

Mit ihr hat's keiner ganz leicht. Sie ist, wie ihr wisst, eine Nixe. Und vor denen soll sich jeder Mann hüten, wenn sie auch noch so lieb tun und noch so schön aussehen. Sie bleiben Wassergeschöpfe, und da ich selber eins bin, weiß ich, was das bedeutet. Das Element, dem wir entstammen, ist wechselhaft und steckt voller Widerspruch.

Die Loreley wird viel besungen. Dabei ist sie selber eine begnadete Sängerin. Das hat einmal ein junger Schiffer erfahren, vor uralten Zeiten, wie es so schön im Lied heißt. Er hat sich durch ihren Gesang zu ihr hinlocken lassen, gefährlich dicht heran. Denn je näher er kam, umso stärker wirkte ihr Zauber auf ihn, ihre liebliche Stimme und ihre hinreißende Schönheit. Sie ist gewachsen wie eine Göttin und wird auch von manchen dafür gehalten. Verführerisch dunkle Augen hat sie und dazu goldblondes Haar, das ihr in üppigen Locken über die Schultern fällt. Kein Wunder, dass sie so stolz darauf ist. Sie pflegt es und kämmt es zu jeder Stunde mit einem Kamm aus purem Gold. Den habe ich ihr einmal selber geschenkt.

Der junge Schiffer hatte das Glück, ihr zusehen zu dürfen. Ihm sind die Augen fast aus dem Kopf gefallen. Und als sie dann auch wieder zu singen begann, war für ihn die übrige Welt versunken. Wenn man aber in einem Kahn rheinabwärts rudert, kann das lebensgefährlich werden, vor allem da, wo die Loreley sich für Glückskinder blicken lässt. Ihr Lieblingsplatz ist nämlich ein unvergesslicher Felsen, selbst für Winzer zu steil, etwas stromabwärts von Oberwesel, aber auf meinem rechten Ufer. Er ist nach ihr benannt worden und so gewaltig, dass sogar ich einen Bogen schlagen muss, um vorbeizukommen. Doch trotz aller Mühe, die ihr Menschen euch schon seit langem gemacht habt, mir Luft zu schaffen, wimmelt an der Loreley noch heute mein Bett von Klippen und Strudeln. In alten Zeiten war das noch hundertmal schlimmer, damals, als ein junger Schiffer bezaubert aus seinem Kahn nach oben starrte und lauschte, weil ihm die Loreley völlig den Kopf verdreht hatte. Es kam, wie es kommen musste. Sie war sein Verderben. Zu Füßen der Loreley schlug sein Boot gegen spitze Felsen, und die Wellen haben ihn schnell verschlungen. Aber noch heute verrenken sich Jahr für Jahr unzählige Männer den Kopf nach ihr, und seltsamerweise fast ebenso viele Frauen – wenn nicht noch mehr. Nur die Schiffer machen seither einen großen Bogen um die Loreley, nicht bloß im Abendsonnenschein, den die Nixen und Sänger so lieben, nein, erst recht auch bei Nacht und bei Nebel.

Sehr lange nach der Zeit, als sie den jungen Schiffer ins Unheil sang, kam als einer der ersten Christen der Mönch Goar – ich weiß nicht, woher – zu mir in mein Engtal gezogen. Er blieb an dem Ort, der jetzt seinen Namen trägt, und verlegte sich auf den Fischfang. Fisch nämlich darf ein Mönch alle Tage essen, so viel er mag, es sei denn, er hätte keinen gefangen.

Aber zu hungern brauchte er nicht. Am Fuß des Felsens, in der schäumenden Gischt zwischen Klippen und Strudeln, tummeln sich Fische genug. Sie lieben bewegtes Wasser. Doch war der Mönch Goar nicht zu mir gekommen, um bloß seinen Magen zu füllen. Wie Sankt Peter, von dem ich damals noch nie gehört hatte, warf auch er seine Netze nach Menschen aus. Er hatte sich vorgenommen, Helfer für seine Ziele zu gewinnen. Und das war unter gottlosen Heiden ein hartes Stück Arbeit. Lange brauchte er nicht, um das zu merken. Und auch das erfuhr er: dass Frauen sich leichter bekehren lassen als dickköpfige Männer.

Für ein paar schmackhafte Rheinfische fand sich die flinke Winzerstochter Liuthildis bereit, ihm die Bettwäsche sauber zu halten und das wenige, was ein Mönch an Hemden und Strümpfen braucht. Bei der Arbeit unterhielt er sie gern mit frommen Legenden. Und sie hat ihm dafür von der Loreley berichtet. So lernte jeder sein Teil, am meisten aber das Mädchen. Sie hatte bisher von der Welt nichts weiter gekannt, als was ihr dicht vor der Nase lag.

Liuthildis wurde seine erste Bekehrte. Und weil ihr das Waschen so gut von der Hand ging, baute er ihr ein bescheidenes Waschhaus am Wasser, aber nicht, wo er selber seine Hütte hatte, auf dem linken Ufer, sondern schräg gegenüber auf dem rechten. Denn drüben, im Schutz des mächtigen Loreleyfelsens, ist das Wasser klarer und ruhiger als auf der linken Seite. Drüben konnte Liuthildis nun ungestört von heidnischen Leuten die Frauen anlernen, und nicht nur im Waschen. Nein, sie brachte sie gleichzeitig ganz nebenbei dem neuen Glauben Schritt für Schritt näher, und das mit Freuden. An ihrem ersten gemeinsamen Waschtag fiel mir unter den fleißigen Frauen ein junges Ding mit langem goldblondem Haar auf. Es schien mir entfernt meiner Tochter Loreley zu ähneln. Unbefangen betrat das Mädchen als Erste die Uferbank aus feinem, sauberem Silbersand. Um sie als Waschplatz auszuprobieren, kam es zu mir ins flache Wasser gegangen, nackt bis zu den Zehen. Ich war in der Laune, mir einen Spaß zu erlauben, und zog die Nackte mit einem Ruck unter Wasser und zu mir ins Schilf. Sie schnaufte und lachte, statt sich lauthals zu wehren. Bei näherem Zusehen war sie es wirklich: In der Gestalt einer Nachbarstochter hatte sich Loreley unter die Helferinnen der frommen Liuthildis gemischt.

So wie sie war, trug ich sie unter den Loreleyfelsen zurück und setzte sie zum Trocknen in die Abendsonne. Ein bisschen kitzelte mich ja doch auch die Neugier darauf, was der Mönch Goar davon halten würde. Der war unterdessen wie jeden

Abend in seinem Kahn stromaufwärts gefahren, um Netz und Angel am Fuß des Felsens auszuwerfen. Diesmal nun fand er den Platz schon besetzt, und zu allem Übel von einer nackten Frau. Er winkte ihr, fortzugehen. Und sie winkte ihm, zu ihr zu kommen. Bis die Dämmerung kam, nahm das Winken kein Ende. Ihr ging es dabei nur um den Schabernack. Goar aber war vor der gefährlichen Nixe gewarnt. Auch traute er sich nicht zurück zu Liuthildis und ihren hungrigen Waschfrauen, ohne einen Fisch gefangen zu haben.

Zu guter Letzt übermannten ihn Glaubenseifer und Zorn. Mit mächtigen Kraftworten bannte er Loreley, bis der Spaß ihr verging. Sie ließ sich von ihrem geliebten Felsen vertreiben, und er konnte endlich, ohne sich schämen zu müssen, die Angel auswerfen. Mit welchem Erfolg, weiß ich nicht mehr zu sagen. Doch so viel ist sicher: Gestärkt durch den Sieg über die heidnische nackte Versucherin, hatte er nun von Tag zu Tag größeren Erfolg in der Ausbreitung des Glaubens. Dafür ist er nach seinem seligen Ende heiliggesprochen worden. Ein ganz klein wenig verdankt er, so seltsam das klingen mag, seinen Heiligenschein der Loreley.

Vater Rhein erzählt:
# Die feindlichen Brüder

Über Kamp-Bornhofen, dem Pilger- und Wallfahrtsort auf meinem rechten Ufer, liegen auf fast gleicher Höhe zwei Burgen. Ursprünglich reichte auch wirklich die obere Burg Sterrenberg den edlen Herren, die sich nach ihr nannten. Das änderte sich zu Lebzeiten des Ritters Werner von Sterrenberg, der als Witwer mit seinen zwei Söhnen die Burg bewohnte. Der ältere, erbberechtigte, ein stiller Junge, war auf den Namen Heinrich getauft. Sein jüngerer Bruder Konrad, nach dem verehrten Kaiser Konrad genannt, begann gerade, sich zu einem Hitzkopf und Kampfhahn zu entwickeln. Dieser Jüngling war zum Ritter und Burgherrn geboren, der Ältere hätte besser zum Mönch getaugt. Aber das geltende Erbrecht gab dem Erstgeborenen Vorrang. Noch machte der Jüngere sich darum keine Sorgen.

Der Vater war dem älteren Sohn mehr zugetan. Der jüngere hatte bei seiner Geburt die Mutter das Leben gekostet. Und den Verlust der geliebten Gemahlin konnte Ritter Werner nicht verwinden. Nicht, als hätte er dem unschuldigen Kind ihren Tod angelastet, das konnte und wollte er nicht. Aber je größer der Junge wurde, umso deutlicher nahm er die Züge der Mutter an. Sein frisches Gesicht erinnerte ständig an sie. Und das war für den Ritter schwer zu ertragen.

Geprügelt haben die Junker sich nie, so verschieden sie waren. Ein leiser Hauch von Missachtung überflog dann und wann verstohlen Konrads Miene, wenn sich der ältere Bruder seinen rauen Spielen entzog. Doch sonst war er duldsam mit ihm, solange sie Kinder waren. Wenn ich damals den Kleineren auf seinem Pferdchen in halsbrecherischem Galopp den Burgberg hinabkommen sah, tat es mir leid, dass der zaghafte Heinrich das Erstgeburtsrecht besaß. Aber zu ändern war daran nichts.

Die Männerwirtschaft auf Burg Sterrenberg hatte schon gut zwölf Jahre gedauert, da wurde Ritter Werner zum Totenmahl auf die Burg der Brömser von Rüdesheim gebeten. Auch der Verstorbene hatte allzu früh seine Frau verloren und als Witwer ihr einziges Kind aufgezogen. Dieses liebliche Mädchen brachte Ritter Werner mit auf Burg Sterrenberg, als er aus Rüdesheim zurückkehrte. Rasch wurde die elfjährige Angela zum Mittelpunkt des bisher frauenlosen Haushalts.

Einige Jahre vergingen, doch da waren die Junker urplötzlich wie verwandelt. Konrad als Jüngerer verlor von heute auf morgen jedes Interesse daran, Domherr in Mainz zu werden. Zielbewusst machte er, jung, wie er war, der verwunderten Angela den Hof, ein für sie höchst ungewohntes Erlebnis. Auch Heinrich, der ältere Bruder, bekam leuchtende Augen, wenn er die Jungfrau zu Gesicht bekam. Nur dass er sich lange nicht getraute, ihr die Haarschleife zu binden, selbst wenn sie ihn darum bat. Ritter Werner ließ es bei seinem Erstgeborenen nicht an Rippenstößen fehlen, und er schlug ihm vor, um Angela zu werben. Der Erfolg blieb nicht aus. Heinrich begann, Feuer zu fangen. Dass er damit dem jüngeren Bruder in die Quere kam, fiel ihm erst auf, als der ihm die Faust unter die Nase hielt.

Von Stund an saß Angela zwischen zwei Stühlen. Und je köstlicher sie erblühte, umso näher rückte für sie die Notwendigkeit, sich zu entscheiden. Leicht fiel die Wahl ihr nicht. Mehr Feuer hatte der Jüngere. Doch der Ältere war erbberechtigt und brauchte, wenn der Herr Vater sterben sollte, den anderen nur abzufinden. Zum Sterben machte Herr Werner zwar einstweilen noch gar keine Miene. Aber immerhin war Heinrich die bessere Partie. Und wie junge Mädchen nun einmal sind, solange sie nicht wissen, worauf es ankommt: Angela wandte dem künftigen Burgherrn zwar nicht ihr Herz zu – wer kennt sich in Mädchenherzen schon aus? –, wohl aber schenkte sie dem stillen Heinrich ganz unverkennbar die größere Aufmerksamkeit.

Dem hitzigen Konrad fiel gar nicht ein, sich damit abzufinden. Mit verdoppeltem Eifer machte er sich an sie heran, heizte ihr ein, warb um sie mit Hand und Mund und erlebte den

Triumph, sie zum ersten Mal zum Erröten zu bringen, und auch noch in Gegenwart des Bruders, dem das noch nie gelungen war. Dem Vater entging die Wendung der Dinge nicht, und er hieß sie keineswegs willkommen. Tausend Möglichkeiten erwog er, den jüngeren Sohn für ein Weilchen zu entfernen; und die Gelegenheit dazu bot sich dann bald ganz von selber.

Der große Bernhard von Clairvaux, der damals die Trommel für einen neuen Kreuzzug rührte, war gerade zu mir an den Rhein gekommen und machte die Runde auf Burgen und Schlössern. Der alte Herr Werner von Sterrenberg bot ihm Quartier, und Bernhard begeisterte beide Söhne, sich ihm anzuschließen. Dem erbberechtigten Sohn verbot das der Vater.

Der jüngere verzog ganz leise den Mund und nahm das Kreuz als Vertreter der ganzen Familie. Aber bevor er davonritt, suchte er Angela auf.

Sie war voller Zweifel und Unruhe. „Werde ich dich wiedersehen?", fragte sie mehr sich als ihn. „Wenn du versprichst, auf mich zu warten, gewiss", versprach er. „Und du, hältst du dein Herz für mich frei?" Das war ihre Schicksalsfrage. „Herz und Hand", schwor er ihr, und sein Ernst gab ihr Kraft und Gewissheit. Sie trennten sich, wie Verlobte Abschied nehmen, mit einem Kuss, der ihr erster war. Und er drückte sie an sich, bevor er ging. Ihr Herz schlug höher, und Gefühle von Glück, Wehmut und Schmerz ließen sie zittern. Fort war nun Heinrichs Bruder und Rivale. Erleichtert und trotzdem beklommen wartete der Vater auf Werbung und Erfolg seines Ältesten. Doch der freudige Abschluss einer Liebesgeschichte blieb aus. Für einen Wortbruch war das Mädchen auf keine Weise zu haben. Und als es lange genug von Heinrich nichts hatte wissen wollen, sondern stets Konrad nachweinte und ihm die Treue hielt, als wäre sie schon seine Frau, da gab schließlich auch der Vater die Hoffnung auf. Er ließ auf dem südlichen Ecksporn seines Burgfelsens eine zweite Burg bauen als Wohnung und gleichberechtigten Stammsitz des neuen Familienzweiges. Er gab ihr den

Namen Liebenstein, weil er sie für ein liebendes Paar hatte errichten lassen.

Über alledem war die Zeit nicht stehen geblieben. Und eines Tages kam ein festlich geschmücktes Schiff meine Fluten hinabgefahren. Sein Segel war mit dem Zeichen der Kreuzfahrer bestickt. Und am Bug stand ein Ritter im schwarzen Harnisch und ließ den weißen Mantel im Fahrtwind flattern. Staunend blickte er zu der neu erbauten Burg hinauf und wollte schon winkend die Hand erheben, da sah er auf dem Turm der Burg seiner Ahnen die schwarze Trauerfahne und wusste: Sein Vater war gestorben.

Neben Konrad von Sterrenberg stand eine fremdartige Schönheit mit schwarzen Haaren und glutvollen Augen. Die Griechin hatte ihm zur Flucht aus der Gefangenschaft bei den Sarazenen verholfen. Aber nicht nur aus Dankbarkeit nahm er sie mit in die Heimat als seine Frau. Er wusste: Schon einmal hatte Angela in ihren Gefühlen geschwankt. Dass sie ihm fünf Jahre lang die Treue bewahren könnte, wäre ihm nie in den Sinn gekommen. Er kehrte in der Gewissheit heim, sie als Frau des Bruders und als Mutter mehrerer Kinder wiederzusehen. Mit der Griechin an der Hand betrat er die Zugbrücke von Burg Sterrenberg. Da sah er im hochgewölbten Tor den Sarg mit der Leiche seines Vaters stehen. Er zog das Schwert, um es vor dem Toten zu senken. Aber sein Bruder Heinrich verstand die Geste der Ehrung falsch, zog selber sein Schwert und fiel den Heimkehrer mit der blanken Waffe an. Dass sein Bruder verheiratet vom Kreuzzug ins Vaterhaus zurückkam, hatte ein Blick ihm gezeigt. Und im bewaffneten Angriff des Älteren war mehr als das Missverständnis: kochender Hass auf den Glücklicheren, der Ingrimm des jahrelang um seine Liebe Betrogenen und der Drang, der sitzen gelassenen Braut Genugtuung zu verschaffen.

Angela war verzweifelt, und es brach ihr das Herz. Aber zum Schmerz um den toten Vater und zur Enttäuschung all ihrer Treue und Liebe nun auch noch den Brudermord ansehen zu müssen, das war zu viel. Schreiend warf sie sich zwischen die Schwerter und wäre beinahe selber ihr Opfer geworden. Beide Brüder wandten sich ab und bargen die Schwerter. Jeder für sich, folgten sie der Leiche des Vaters bis vor die Gruft. Und einzeln kehrte jeder in die Burg ein, die ihm gehörte, und sie verschlossen hinter sich die Tore.

Angela litt schwer unter ihrem Kummer. In ihrer Verzweiflung ging sie schließlich in das Kloster Bornhofen, wo sie liebevoll aufgenommen wurde. Doch sie konnte ihre große Enttäuschung nicht überwinden; wenig später verließen sie alle Kräfte, und sie starb.

Jahre danach heiratete Heinrich, der unter dieser unerfüllten Liebe ebenso gelitten haben musste, eine andere Frau. Konrad hingegen ließ zwischen den beiden Burgen eine Mauer errichten. Diese Streitmauer steht heute noch zwischen den feindlichen Brüdern.

Vater Rhein erzählt:
# Wie die Marksburg zu ihrem Namen kam

Keine Burg auf meinen Uferhöhen ragt stolzer auf als die Marksburg. Wenn man vom Bau auf den Bauherrn schließen darf, muss der von unbändigem Stolz erfüllt gewesen sein. Er hatte wohl Ursache dazu. Ihm wuchs, zusammen mit den Mauern und Türmen seiner Burg, eine Tochter heran, die war so schön, dass sie stromauf und stromab nicht ihresgleichen hatte. Elisabeth hieß sie, und als sie zur Jungfrau erblüht war, liefen sich auf der Burg ihres Vaters, des edlen Herrn von Eppstein, die Freier aus gutem Hause den Rang ab. Sie wurden höflich empfangen, einer nach dem andere, und mit artigen Worten verabschiedet, wenn sie unverrichteter Dinge wieder abzogen. Nur einem widerfuhr das nicht. Siegbert von Lahneck hatte Elisabeths Herz gewonnen, und er war es auch wert. Beide fühlten sich zueinander hingezogen und schmiedeten liebevoll Pläne für die Zukunft.

In die Vorbereitungen ihrer Hochzeit platzte das Aufgebot aller Junker und Ritter zum Krieg gegen Böhmen. Kaiser Rudolf von Habsburg zog gegen König Ottokar, seinen gefährlichen Widersacher, zu Felde. Und Siegbert von Lahneck musste Rudolfs Fahnen folgen. Der Abschied der beiden Verlobten war schmerzenreich. Noch betrüblicher wurde die Wartezeit. Denn der Krieg zog sich in die Länge, bis endlich die blutige Schlacht auf dem Marchfeld mit Ottokars Tod den Sieg des Kaisers besiegelte.

Doch unter den heimkehrenden edlen Herren war Siegbert von Lahneck nicht. Er blieb aus, und mehr noch: Er war verschollen. Nach Jahresfrist meldete sich auf Burg Lahneck ein junger Herr in schwarzem Harnisch. Sein Auftreten war rücksichtslos und anmaßend. Rochus von Andechs behauptete er zu sein, der Vetter Siegberts, der auf dem Marchfeld gefallen sei. Er beanspruchte das Erbe und setzte sich in den Besitz von Burg Lahneck. Damit nicht genug, erhob er noch weitere Ansprüche. Er machte Besuch auf der Burg des Herrn von Eppstein und bat um die Hand seiner Erbtochter Elisabeth.

Die hatte sich noch nicht mit dem Verlust ihres Bräutigams Siegbert abgefunden. Die neue Werbung kam allzu früh. Und der Mann, der um ihre Hand anhielt, war von ganz anderer Art als der Geliebte aus früheren Tagen. Sie sah den schwarzen Ritter prüfend an. Elisabeth zweifelte; sie war sich über ihre Gefühle nicht im Klaren. Denn der stattliche Rochus von Andechs bestach durch fremdartige Schönheit. Sein Benehmen war gewandt und untadelig, aber sein Blick funkelte begehrlich. Er war reich an Besitz, aber arm an Gefühl. Zu ihrem Herzen fand er den Zugang nicht.

Nicht lange vorher war auf die Burg des Eppsteiners, die damals noch nicht den Namen Marksburg trug, ein jüngerer Mönch als Burggeistlicher gekommen. Das Kloster Bornhofen hatte ihn entsandt, und dass er ein nachgeborener Sohn aus ritterlichem Hause war, verriet die ungezwungene Selbstsicherheit seines Auftretens. Er wusste von Elisabeths schwerem Verlust und hatte sich vorgenommen, ihr darüber hinwegzuhelfen. Bruder Markus hieß er nach seinem Schutzpatron. Diesem Evangelisten war auch die Burgkapelle geweiht, die er nun zu betreuen hatte.

Elisabeth schüttete dem frommen Mönch ihr Herz aus, als Rochus um sie geworben hatte. Sie bekannte, dass er auf sie Eindruck gemacht habe. Und doch warnte ihr Gefühl sie vor ihm, ohne ihr zu verraten, warum. Auf Markus konnte die düstere Männlichkeit des Herrn von Andechs nicht so anziehend wirken wie auf das Burgfräulein. Dafür war seine Abneigung gegen den schwarzen Ritter umso ausgeprägter. Und es ergab sich, dass Rochus gegen den Mönch sogar so etwas wie Hass zu empfinden schien. Der edle Herr von Eppstein hingegen riet seiner schönen Tochter entschieden zur Heirat. Sie wurde dann auch beschlossen, und der Tag der Hochzeit wurde festgesetzt.

Am Vorabend der Trauung rang der Mönch Markus auf Knien mit seinem Schutzpatron um Elisabeths Lebensglück und

Seelenheil. Er fühlte: Sie war in tödlicher Gefahr. Und er wusste, dass er allein machtlos war, sie zu retten. Zu später Nachtstunde, als draußen im Burghof und droben im Rittersaal die Hochzeitsgäste in lauter Vorfreude auf den darauf folgenden Tag tanzten und schwelgten, wurde die kleine Burgkapelle plötzlich von einem himmlischen Glanz erhellt. Vor dem betenden Mönch erschien sein Namensheiliger, der Evangelist. „Du hast reinen Herzens meine Hilfe erfleht", sprach er.

„Widerstehe dem Bösen und rette die Jungfrau, die sich deinem Schutz anvertraut hat! Wisse, der Mann, der sich Rochus von Andechs nennt, gehört zu den Fürsten der Finsternis! Rühr ihn an mit diesem geweihten Kreuz in deiner Hand!" Er reichte es ihm und verschwand.

Der Mönch tat, was ihm gesagt worden war, als am anderen Morgen der Bräutigam mit klirrenden Sporen vor ihn trat, um mit Elisabeth von Eppstein vermählt zu werden. Markus stieß ihm das Kreuz vor die Brust und schrie ihm die dreifache Beschwörung der Hölle entgegen. Da stampfte Rochus auf den Felsboden wie mit einem Pferdefuß. Ein Erdspalt öffnete sich und verschlang ihn vor den Augen der entsetzten Braut und all der Festgäste aus nah und fern. Elisabeth hat den zweiten Schicksalsschlag nicht mehr verwunden. Sie ging in ein Kloster und starb da nicht viel später. Die Burg aber, in der Sankt Markus das Wunder vollbracht hatte, nannten die Leute von da an zu seinen Ehren die „Marksburg".

Vater Rhein erzählt:
# König Wenzel verliert in Rhens seine Krone

Dass König Wenzel im Jahr 1378 die deutsche Krone bekam, verdankte er vor allem seinem leiblichen Vater, Kaiser Karl dem Vierten, der Prag zur „goldenen Stadt" gemacht hat. Kaiser Karl hatte mit der Goldenen Bulle von 1356 das Wahlrecht gesetzlich geregelt, nach dem von da an alle deutschen Kaiser und Könige auf den Thron gelangt sind. Denn während in Frankreich und England, in Spanien und Portugal jeweils immer der älteste Sohn dem verstorbenen König gefolgt ist, wurde in Deutschland der künftige Herrscher von den sieben Kurfürsten „gekürt", auserkoren, gewählt. Und jeder Anwärter auf den Thron hat tief in die Tasche greifen müssen, um seine Wahl zu sichern.

Wenzel war ein sparsamer Herr. Es verdross ihn, sein Recht auf die Krone so teuer bezahlt zu haben. Und noch tiefer verdross ihn der Hochmut der Kurfürsten. Die ließen ihn fortwährend spüren, dass er kein bisschen mehr war als sie, wenn er zu ihrer Frühjahrsversammlung nach Rhens kam und auf dem Königsstuhl Platz nahm. Der Stuhl ist dort noch heute zu bewundern. Wenzel war auch König von Böhmen und damit selber ein Kurfürst des Heiligen Römischen Reichs deutscher Nation. Die zwiespältige Rolle als Wähler und Gewählter in einer Person hatte sein Vater ihm angehängt. Und da er sein Teilnahmerecht als Kurfürst nicht preisgeben durfte und wollte, musste er sich alle Schelte gefallen lassen, mit der ihm die anderen sechs bei so günstiger Gelegenheit die Laune verderben wollten.

Um das Jahr 1400 wurden die Kurfürsten immer ausfallender. Sie stichelten König Wenzel, wo sie nur konnten. Eines Abends kam es zu einer sonderbaren Wette. Die Kurfürsten hatten Wenzel, der gern ein Glas guten Wein trank, einen sauren Wein eingeschenkt. Innerlich wütend, versprach Wenzel demjenigen, der ihm am nächsten Tage ein Fass Pfälzer Wein herbeischaffen würde, nichts weniger als die Königskrone. Ein Königreich für einen lieblichen Wein! Wenzel amüsierte sich herrlich auf Kosten der Kurfürsten.

Von der Pfalz bis nach Rhens hat damals ein Schiff fünf Tage gebraucht. Wenzel konnte also ganz sicher sein, nicht beim Wort genommen zu werden.

Aber der Pfälzer Kurfürst Ruprecht wusste, warum er gewettet hatte.

Nie wäre er ohne zwei Fuder vom besten Pfälzerwein nach Rhens gekommen, weil er selbst ein Weintrinker war. Am nächsten Morgen war es Ruprecht also ein Leichtes, von vier starken Männern das beste Fuder Pfälzer Wein herbeirollen zu lassen. Und als sie den Spund öffneten, drang ein Duft daraus hervor, der einen Toten lebendig gemacht hätte, sofern der nur Weinverstand hatte.

Als Wenzel das Fass erblickte, wurde er kreidebleich, doch die Wette galt. Er hatte die Wette verloren. Die Kurfürsten konnten ihn kraft ihres Amtes absetzen. Die Krone ging an Kurfürst Ruprecht von der Pfalz. Wenzel behielt nur die Krone von Böhmen und blieb damit, bis er 1419 das Zeitliche segnete, Kurfürst und Königswähler. Schon 1410 übte er sein Wahlrecht aus, als der listenreiche König Ruprecht die Augen geschlossen hatte. Auf eine Wette um Pfälzer Wein hat Wenzel sich jedenfalls nie wieder eingelassen.

Vater Rhein erzählt:
# Jan und Griet und der Ehrenbreitstein

Ein Sohn armer Leute und selber ursprünglich nicht mehr als ein Bauernknecht ist der Mann gewesen, der eine der glanzvollsten Waffentaten des Dreißigjährigen Krieges vollbringen sollte. Aber bevor der junge Mann unter die Fahnen ging und Soldat wurde – Reitersoldat, Kürassier oder Dragoner, was weiß ich heute noch, wie man das damals nannte – hatte dieser Jan versucht, sein Glück auf ganz andere Weise zu machen. Er tat schwere Arbeit auf einem Bauernhof vor den Mauern der Stadt Köln am Rhein.

Er hatte viel Land gepachtet. „Halfe" nannte man diese Bauern, weil sie die Hälfte des Ertrages als Pacht hergeben mussten. Das klingt hart, aber die Böden rund um Köln waren fett und brachten dem, der sich bemühte, reiche Ernten.

Der Traum des fleißigen Knechtes Jan war es, selber einmal als Bauer auf Pachtland zu sitzen; nur war das eine kaum erfüllbare Hoffnung. Mit seinen kräftigen Fäusten allein hätte er zwei Menschenalter hart zu schaffen gehabt, um ans Ziel zu kommen. Aber da war noch Margarethe, des Bauern einziges Kind. Das Mädchen zu heiraten wäre doppeltes Glück gewesen. Sie war nicht nur ein Schatz, sondern sie hätte auch einmal von ihrem Vater alles geerbt. Jan also machte Gretchen oder, wie es in und um Köln heißt, Griet, schöne Augen und, als sie ihn verschmitzt lächelnd ansah, einen handfesten Heiratsantrag. Das war an einem schönen Sommertag, als sie beide in Köln auf dem Altermarkt saßen, um Eier, Geflügel, Gemüse und Äpfel zu verkaufen.

Aber „Griet", so ansehnlich Jan auch sein mochte, hatte Höheres im Sinn als einen Knecht. „Ich will 'nen deftigen Halfen ha'n!", gab sie schnippisch zur Antwort, und Jan war abgeblitzt. In seiner Enttäuschung lief er einem Werber nach, der kräftigen jungen Männern goldene Berge versprach, und er wurde Soldat, ein guter und erfolgreicher obendrein. Er geriet in ein Reiterregiment. Das Pferd, das ihm gestellt wurde, hat er gut gepflegt,

Waffen und Ledermontur hielt er stets blank, und an Mut fehlte es ihm auch nicht. Er wurde befördert, stieg höher und höher und bekam schon in jungen Jahren ein Regiment anvertraut, was damals fast ausschließlich Söhne vom Adel erreichten. Um seine geringe Herkunft vergessen zu machen, nannte er sich von nun an Jan van Werth, denn auf einem Werth, so heißen die Inseln im Rhein, war er zur Welt gekommen.

Jans Stern ging auf, als der Erzbischof und Kurfürst von Trier Philipp Christoph von Sötern die stärkste Festung an meinem ganzen Lauf, den Ehrenbreitstein bei Koblenz, im Jahre 1631 den Franzosen in die Hände spielte. Die Burg war so gut angelegt und lag so günstig, dass sie als uneinnehmbar galt. Für die Kaiserlichen war ihr Verlust nicht zu verschmerzen. Der Kurfürst suchte zwar sofort das Weite, wurde aber in Trier erwischt und nach Wien ins Gefängnis gebracht, wo er die nächsten zehn Jahre gesessen hat. Den Rest seiner Tage blieb er auf der Burg Ehrenbreitstein in Haft, nachdem sie fünf Jahre nach dem Verrat zurückgewonnen wurde.

Die Festung zu belagern oder die Franzosen auszuhungern überstieg allerdings die Kräfte der Kaiserlichen. Doch zurückhaben mussten sie die riesige Burg. Wäre die Festung in französischer Hand geblieben, hätte man zu viele Soldaten bei Koblenz stationieren müssen. Die Truppen wurden aber an anderen Stellen dringender benötigt. Da erbot sich Jan van Werth, einen Handstreich zu wagen. Bei Nacht und Nebel überrumpelte er Wachen und Außenposten und war im Herzen des Bollwerks, bevor die Besatzung den Schlaf aus den Augen gewischt hatte.

Zum Reitergeneral befördert, kehrte der Sieger ins heimatliche Köln zurück. Als er über den Altermarkt ritt, saß da, wie vor Jahr und Tag, Gretchen, des Halfen Tochter, und bot ihr Obst und Gemüse an. In reicher Montur riss er vor ihrem Stand seinen Federhut vom Kopf. Sie glaubte zu träumen, als sie ihn erkannte, und wusste nichts Besseres zu sagen als: „Jan, wer et hätt' jewoss!" (Jan, wenn ich das gewusst hätte!), worauf er zur

Antwort gab: „Griet, wer et hätt jedonn?" (Griet, und wer hatte mich nicht genommen?) Mit einem sehnsüchtigen Blick sah Griet Jan nach, als er von dannen ritt.

Auf dem Kölner Altermarkt steht noch heute das Denkmal des Reitergenerals aus dem Volk, der die Burg Ehrenbreitstein zurückgewann.

Vater Rhein erzählt:
# Die Bäckergesellen von Andernach

Die Leute auf meinem rechten Ufer waren denen auf dem linken von jeher gram und sind's heute noch. Auf meinem linken Ufer sind nun einmal die Städte entstanden, die groß und wichtig wurden: Mainz, Koblenz, Bonn und Köln, von den wehrhaften kleineren ganz zu schweigen, von Bingen, Bacharach, Oberwesel, Boppard, Andernach, um nur die bekanntesten zu nennen. Die auf dem linken Ufer bildeten immer weitaus die Mehrheit meiner Anwohner. Rechts von mir lebten auch Menschen, aber die waren denen vom linken Ufer untertan, wenn nicht gar fremden Herren, die irgendwo fern von meinem Ufer in den Wäldern hausten. Jedenfalls kamen sie sich unterlegen vor, und wen ärgert das nicht?

Zwischen denen rechts von mir und jenen von gegenüber kam es daher auch immer wieder zu Zank und Streit. Sie taten sich Schabernack an, wo sie konnten, versalzten einander die Milchsuppe, raubten sich gegenseitig die Jungfern, was ja noch angeht, solange davon ständig neue nachwachsen; aber auch die Fischkästen im Strom mit Flusskrebsen, Salmen und Aalen der einen waren vor den anderen nicht sicher, und das grenzt denn doch schon ans Kriminelle, denn die leckere Fastenspeise darin ist nur mühsam zu ersetzen.

Solch eine Untat der Andernacher links war den Leuten in Leutesdorf rechts gewaltig in die Glieder gefahren, und die bauen Rotwein an, ja sie trinken ihn auch gern und sehen daher leichter rot als die behäbigen Biertrinker in Andernach. Also beschlossen die Leute in Leutesdorf einen Feldzug der Rache, oder genauer gesagt, da zwischen den beiden ja kein Feld zu durchziehen ist, eine nächtliche Kahnfahrt mit Schwertgeklirr und Fackelschein gen Andernach, dessen stattliche Stadtmauer nach Anbruch der Dunkelheit nur von streunenden Katzen begangen wurde. Da die Angreifer erst stromaufwärts rudern mussten, natürlich an ihrem Ufer entlang, um die Andernacher nicht vor der Zeit auf ihre bösen Absichten hinzuweisen, muss ihr Zorn schon besonders rotäugig gewesen sein, denn gegen meine vor Leutesdorf aufgestaute Kraft anzukommen, ist sehr mühselig.

Erst nach halb vier in der Frühe erreichte ihr Boot die Mündung der munteren Wied und steuerte nun mit der Strömung dem linken Ufer zu, was von dort nur noch ein Katzensprung ist. Um nicht in die Strudel vor meinem linken Ufer, das heißt vor den Mauern von Andernach zu geraten, hatten sie zwei Fackeln angezündet, eine am Bug ihres Bootes, die andere am Steuer. Und das war ihr Fehler.

Gegen vier Uhr morgens näherten sich die Leutesdorfer dem Ufer. Es begann für jeden Bäcker die Arbeit. Zwei Bäckergesellen waren von ihren Wohnungen bei der Liebfrauenkirche unterwegs zur Backstube und hatten bis vor die Türme der Burg den trockenen Weg über den Wehrgang der Stadtmauer eingeschlagen, weil die ungepflasterten, schlammigen Straßen ihnen den Saum ihrer weißen Bäckerhosen beschmutzt hätten. Unterwegs warfen sie einen Blick auf mein Wasser, hinter dem es bald anfangen musste zu tagen. Und da sahen sie im Schein der Fackeln einer Schar bewaffneter Männer ein Langboot auf ihre Stadt zurudern. Das konnte nichts Gutes bedeuten.

Die beiden jungen Männer rannten also die nächste Treppe hinab zur Straße und pochten mit leeren Fäusten an jede Haustür: „Alarm! Alarm! Der Feind kommt über den Rhein!" Das gab ein Schimpfen und Rennen. Viele Bürger liefen im Nachthemd, aber mit Wehr und Waffen zu den Türmen und Toren der Stadtmauer, wo jeder im Fall der Gefahr seinen festen Platz zu verteidigen hatte. Da es aber noch finster war, stolperte einer der Helden über zwei Bienenkörbe, die sein Nachbar zum Abtransport nach seinem Garten vor der Haustür bereitgestellt hatte. Die Immen gerieten in Verwirrung und Wut, als ihre Behausungen über den Boden rollten. Sie begannen, mächtig zu rumoren, und drängten zu Hunderten und Aberhunderten nach dem Schlupfloch jedes Korbes, den aber der vorsichtige Imker für den Transport verschlossen und verkeilt hatte. Das brachte einen der zwei Bäckerburschen auf den spitzfindigen Einfall, die wütenden Honigträger zu Verbündeten zu machen. Jeder der beiden jungen Männer bewaffnete sich also mit einem der fest verschlossenen Bienenkörbe. Mittlerweile nämlich waren die Leutesdorfer gelandet und hatten zwei lange Leitern außen gegen die Stadtmauer gelehnt. Als sie nun flink begannen hochzusteigen, bekamen die Eilfertigsten – und das waren ihre Anführer – noch bevor sie die Zinnen oder gar den Laufgang dahinter erreicht hatten, je einen Bienenkorb auf die Helmspitzen gespießt, dass ihnen der Honig über die Wangen lief. Und dann schlugen die Bäckergesellen auch noch mit dem Rücken ihrer Streitäxte auf die Wölbung der Körbe, wodurch die Köpfe der eifrigsten Angreifer gänzlich in den Inhalt aus Honigwaben und fleißigen Bienen hineingetrieben wurden. Vor lauter Eifer blind, bekamen die Angreifer es obendrein noch mit den empörten Bienen zu tun, und das nicht zu knapp. Brüllend ließen sie sich rittlings die Holme ihrer Leitern hinabrutschen und rissen alle, die ihnen über die Sprossen nachgestiegen waren, mit hinunter. In dem Tumult blieben die Immen keineswegs untätig. Ihr zahlloses Heer summte nicht nur gefahrdrohend, nein, jede bohrte den Stachel dahin, wo auch nur ein bisschen menschliche Haut freilag. Da gab es nur eins: wilde Flucht zu mir ins Nasse. Nur wer untertauchte, wurde die Quälgeister los. So fiel der nächtliche Überfall buchstäblich ins Wasser. Und die Helden vom rechten Ufer bekamen zum Schaden auch noch den Spott hinterdrein, von peinlichen Schwellungen im Gesicht und an den Händen ganz zu schweigen.

Die beiden Bäckergesellen wurden in Andernach als Helden gefeiert, ja ihr Gedächtnis blieb der Nachwelt erhalten. Noch heutigen Tages sieht, wer durch's Rheintor in die engen Gassen des Andernacher Uferviertels hinaufsteigt, hoch oben über dem Torbogen zwei steinerne Wächter stehen. Sie stellen die zwei Bäckergesellen dar und verewigen seit mehr als achthundert Jahren ihre Wachsamkeit und List.

Vater Rhein erzählt:
# Genoveva von Mayen

Zum ersten Mal begegnete mir die schöne Genoveva, als ihr Vater sie zu ihrem Bräutigam brachte. Sie war nämlich weit hinter den Vogesen aufgewachsen, im Frankenreich, wo ihr Name noch heute mit Ehrfurcht genannt wird. Ihr Bräutigam war der junge Graf, der über das Maifeld gebot. Seine Burg stand in Mayen und soll heute noch stehen, wie ich höre. Siegfried hat der Graf geheißen, und ein kräftiger, schöner blonder Mann ist er damals gewesen, als er sie in Andernach über den Schiffsbord aufs feste Ufer hob. Es waren unruhige Zeiten. Schwache Könige ließen sich von tüchtigen Hausmeiern (Kanzlern) nicht nur Hof und Gesinde überwachen. Auch die Bürde des Regierens vertrauten sie ihnen mehr und mehr an, bis für sie selber nur noch die Würde blieb. Aber König spielen dürfen nur Kinder.

Der Ausbund an Tüchtigkeit unter den Hausmeiern war Karl Martell, dessen Enkel Karl der Große selber König geworden ist, wie ihr alle wisst. Karl Martell, der sich noch damit begnügte, Hausmeier zu bleiben, hat sich einen Namen durch einen Sieg gemacht, der den Arabern endgültig die Lust nahm, bis zu mir geritten zu kommen. Was das alles mit Genoveva zu tun hat? Nun, in so unruhigen Zeiten verheiraten besorgte Väter ihre Lieblingstöchter gern in Gebiete, wo sie ihres Lebens sicher sind. Denn die Araber hatten gerade Spanien erobert und unternahmen bereits gefährliche Erkundungsvorstöße ins Frankenreich. Immer wieder mussten die fränkischen Edlen aus dem ganzen Land zur Abwehr zusammengerufen werden, so auch Siegfried, den ein solches Aufgebot mit Genovevas Vater bekannt werden ließ. Nun also brachte der Alte die Tochter ab Straßburg zu Schiff in Siegfrieds Arme, und da ich den Transport übernommen hatte, bekam ich die ganze Geschichte ein Dutzend Mal zu hören, ob ich wollte oder nicht.

Genoveva scheint Siegfried schon in ihrer Heimat kennen gelernt zu haben. Denkbar ist es schon, dass die schöne Genoveva davon geträumt haben mag, eines Tages seine Frau zu werden. Vielleicht hatte sie ihm auch keinerlei Beachtung geschenkt. So oder so – nach ihrer Liebe wäre sie nicht gefragt worden. Eine Hochzeit musste vielmehr als das Ergebnis politischer Erwägungen angesehen werden. Aber unglücklich schien die Blonde nicht über die Wahl des Vaters zu sein, und der Bräutigam galoppierte eine Zeit lang tagtäglich auf meinem Ufer hin und her und spähte immer nur stromaufwärts. Siegfried konnte Genoveva offenbar gar nicht erwarten. Als sie endlich ankam, betrachtete er sie wie von Sinnen. Und das war sie auch wert, so schön und liebreizend war sie.

Leider sollte ihr gemeinsames Glück nicht von Dauer sein. Wieder entsandte Karl Martell Boten und berief seine Edlen zum Waffendienst ins Herz des Reichs. Er führte sie auf ein altes Schlachtfeld, das er den Arabern für den Entscheidungskampf vorgeschlagen hatte. Und dort ist er dem Heer der Krummsäbler, dem die grüne Fahne ihres Propheten vorausgetragen wurde, so grimmig zu Leibe gegangen, dass die Araber seitdem jedem Kampf mit Karl Martell aus dem Wege gingen.

Aber jeder Sieg kostet Herzeleid, vorher und nachher. Genovevas Schicksal war es, nur wenige Monde nach ihrer Hochzeit den geliebten Gemahl dem ungewissen Ausgang blutiger Kämpfe überlassen zu müssen. Er vertraute sie seinem Lehnsmann Golo an, den er zum Schutz von Haus und Hof, Habe und Hufe zurückließ. Er kannte ihn als verlässlich in allen Geschäften. Stets hatte Golo sich so verhalten, als wäre des Herrn Besitz sein eigener.

Dass er auch mit der Frau seines Herrn so verfahren wollte, hätte ihm eine andere vielleicht nicht einmal verdenken können. Genoveva aber trug ein Kind unter dem Herzen und liebte die Abwechslung gar nicht. Für den dunklen Golo empfand sie auch nicht ein Fünkchen Zuneigung. Und als er zudringlich wurde, drohte sie, ihn vor seinem Herrn zu verklagen. Dieser Gefahr durfte er sich nicht aussetzen. Er kam ihr zuvor, indem er sie vor allem Volke im Burghof der Untreue bezichtigte. Sie habe einen blutjungen Stallknecht verführt, den er auch gleich binden und fortbringen ließ, damit er keine Gelegenheit bekam, seine Herrin und sich selber zu rechtfertigen. Dann wurde Genoveva bis zur Rückkehr des Grafen, dem das Gericht über sie vorbehalten war, in das Verlies unter dem Burgturm gebracht, wo sie Monate später unter Schmerzen ihr Kind zur Welt brachte.

Das bedeutete für Golo neue Gefahr. Denn was muss das für ein Mann sein, der sich zum Richter über die Mutter seines Kindes aufschwingt und sie gar verdammen möchte? Deshalb schrieb also der Ungetreue einen Brief an seinen Herrn, worin er jegliche Schuld auf Genoveva schob und sogar das Neugeborene zur Frucht ihres Ehebruchs erniedrigte. Und Graf Siegfried befahl ihm in seinem Antwortbrief, verblendet vor Enttäuschung und Wut, die Frau mit dem Säugling in den wilden Wald bringen und dort töten zu lassen. Golo gab diese Anordnung an zwei Männer weiter, denen Mutter und Kind ausgeliefert wurden. Zum Zeugnis der Urteilsvollstreckung sollten sie die Zungen der Opfer zurückbringen, für ein gutes Kopfgeld, wie es Henkern zukam.

Aber so herzlos, wie sie vorgaben, als sie den Auftrag übernahmen, waren die beiden doch nicht. Sie ließen sich von der Verzweiflung der Frau und der Unschuld des Kindes rühren, mochten sich nicht die Hände mit ihrem Blut beflecken und setzten sie mitten im schrecklichen Wald in Freiheit. Dann erlegten sie ein Reh und sein Junges und schnitten den beiden Erbeuteten die Zungen aus, um damit den Tod Genovevas und ihres Knaben zu beweisen. Golo atmete auf, als er sie sah. Nun hatte er nichts mehr zu fürchten. Bald darauf kam Graf Siegfried heimgeritten in seine freudlos gewordene Burg. Es reute ihn doch, was geschehen war, aber sein Männerstolz gab der Untat recht, sosehr er sich auch im tiefsten Herzen grämte. Häufig suchte er sich auf der Jagd zu zerstreuen. Ob's ihm gelang, hat mir keiner berichtet. Nur dass er mein Ufer mied, als wäre es verpestet, und vor allem die Stelle, wo er die Blonde einst über den Schiffsbord gehoben hatte, das kann ich bezeugen.

Genoveva war, als Golos Knechte sie ausgesetzt hatten, ohne Nahrung und Trunk, im Büßerhemd und mit allzu derben Schuhen an ihren zarten Füßen, geflüchtet, solange sie mit dem schlafenden Säugling auf dem Arm weiterkonnte. Aber dann meldete sich bei beiden der Hunger, und um das Kind zu stillen, war sie viel zu kraftlos. Die Beeren des Waldes sind für ein Neugeborenes nicht als Nahrung geeignet, und der Mutter füllten sie auch nicht die Brust, nicht einmal den Magen. Verzweifelt stolperte sie weiter und sank endlich am Ufer eines stillen, weiten Sees vor einer Felswand nieder, die sich fast senkrecht vor ihr erhob. Erst am Boden liegend erkannte sie den Eingang einer trockenen und nicht sehr tiefen Höhle.

Doch bevor sie sich in das Dunkel hineintraute, von dem sie nicht wusste, ob nicht ein wildes Tier darin hauste, trat eine weiße Hirschkuh durstig aus dem Baumgewirr, das bis zu dem See hinabreichte. Sie mied nicht die menschliche Nähe, nein, suchte sie, und Genoveva erkannte an dem prall gefüllten Euter der Hinde ihre Not. Sie molk dem gequälten Tier so viel von seinem Überfluss ab, wie ihr Trinkbecher fasste, und stärkte ihr Kind damit, und da die Hinde des Spendens nicht müde wurde, trank auch sie selber von der Milch, die nach frischen Nüssen schmeckte, und kam davon selber wieder ein wenig zu Kräften.

Die weiße Hinde blieb in Gesellschaft der neuen Waldbewohnerin. Und die junge Frau lernte bald, wo Nüsse reiften und essbare Pilze aus dem duftenden Waldboden hervordrangen. Ja, sie gewann Freude beim Suchen und Sammeln, fand hier ein frisches Vogelei, dort griff sie einen Fisch aus dem dunklen See. Und immer blieb ihr die Hirschkuh nahe, ließ sich von Genoveva streicheln und bot sich auch dann noch als Amme und Nährmutter des Kindes an, als es bereits zu stehen und vorwärtszustolpern gelernt hatte. Das Leben der schönen Waldfrau hatte in dem fröhlichen Buben einen ganz neuen Sinn bekommen. Er gab ihr Lebensmut und sogar Lebensfreude zurück.

Das Geheimnis der Waldhöhle wäre noch eine ganze Weile der übrigen Welt verborgen geblieben, wenn nicht eines Tages sein unruhiges Gewissen den Grafen Siegfried ungewollt in den Umkreis des Sees gelockt hätte. Sein Jagdeifer war schon vor Müdigkeit erlahmt, schlug aber hoch wie eine Flamme, als er in erreichbarer Nähe eine weiße Hirschkuh am Ufer äsen sah. Schon spannte er die Armbrust und pirschte sich gegen den Wind an das rare Wild heran. Doch ein knackender Zweig verriet ihn, die Hinde war mit einem gewaltigen Satz im Schutz der Waldbäume, und als Siegfried auf ihre Fährte stieß und ihr folgte, sah er sich plötzlich einem blondhaarigen Weib gegenüber, das ein kräftiges Knäblein an der Hand hielt. Ob er sie sofort erkannt hat oder sie ihn, wer will das wissen? Er riss sie an sein Herz, dass das Büblein zu weinen anfing; das dürft ihr mir glauben. Sie hat ihm, als der erste Sturm der Gefühle verebbt war, die wahre Geschichte ihrer Verdammung und Errettung erzählt. Und Golo, als der Graf ihn der Totgeglaubten gegenüberstellte, bekannte sein Verbrechen und musste es schwer büßen.

Genoveva kehrte mit ihrem Gemahl und dem Sohn ihrer Liebe in ihre Burg zu Mayen auf dem Maifeld zurück. Graf Siegfried hat später am Ufer des Sees, wo sie zwei Jahre lang gelebt hatte wie eine „wilde Frau", wo er sie endlich wiedergefunden hatte und sie sich hatte rechtfertigen dürfen, eine herrliche Kirche gebaut. Und als sie, schon zu ihren Lebzeiten als Heilige verehrt, nach einem glücklichen Leben dahingegangen war, ließ er ihr an der Stelle, wo er sie einst aus dem Schiff gehoben hatte, an meinem Ufer die Grabeskirche errichten, die ihr heute noch als „Liebfrauenkirche" von Andernach bewundern könnt.

Vater Rhein erzählt:

# Siegfrieds Kampf auf dem Drachenfels

Die Drachen waren Geschöpfe der Urzeit. Lange bevor Menschen gelebt haben, geschah es, dass aus dem Glutschoß der Erde Ströme von flüssigem Gestein emporbrachen. Hier und da schoss die feurige Lava sogar hoch in die Luft, die sie mit Qualm und Schwefeldunst verpestete. In eine solche Welt der Urgewalten und tobender Vernichtung passten die Drachen. Sie hatten gewaltige Kräfte und sahen fast wie riesige Urweltkrokodile aus. Ihre Raubgier war grausig. Sie mordeten mit den stahlharten Krallen und ihrem fürchterlichen Gebiss. Wuchtige Schläge ihres langen Drachenschweifs lähmten so manches Opfer, selbst unter ihresgleichen. Ihr Rücken war mit dem Panzer aus dicken Hornplatten geschützt und trug einen zackigen Hornkamm. Wenn sie in Wut gerieten, schnoben sie Rauch und Feuer aus blutroten Nüstern. In Höhlen und Felsspalten lauerten sie auf Opfer.

Als die ersten Menschen zu mir ins Rheintal gezogen kamen, waren Drachen schon rar geworden. In grausamer Mordgier hatten sie sich gegenseitig umgebracht und so gut wie ausgerottet. Nur einer noch hauste einsam im Siebengebirge. Seine Höhle kann man auch heute noch im Drachenfelshang besichtigen. Zu seinen Lebzeiten hätte das keiner gewagt. Weder Mann noch Frau, weder Kind noch Greis war vor seiner Gefräßigkeit sicher. Und weil ihm jeder schutzlos preisgegeben war, verehrten ihn alle als Gott und suchten ihn durch Opfer gnädig zu stimmen. Das aber gelang nur mit Menschenopfern. Ja, er forderte, ihm als Tribut alljährlich eine Jungfrau in Fesseln vor seine Höhle zu schaffen. Von da an fuhren die rechtsrheinischen Heiden jedes Jahr einmal auf Jungfrauenraub zum linken, christlichen Ufer hinüber.

Eines Tages kam auf schneeweißem Ross ein junger Held mein rechtes Ufer hinaufgeritten. Ein Gewitter lag in der Luft. Siegfried hieß der blonde Jüngling, und er war kein Kind dieser Gegend. Seine Wiege stand an meinem Unterlauf, wo das Land flach und eben geworden ist. Ein altes Römerlager, oberhalb von Xanten auf einer kleinen Anhöhe gelegen, hatte ein Frankenfürst namens Siegmund sich zum Wohnsitz ausgebaut. Seine Gemahlin Sieglinde gebar ihm dort auf dem „Fürstenberg", wie er noch heute heißt, einen Sohn, den sie Siegfried nannten, weil sie sich so an den Sieg gewöhnt hatten. Kaum den Kinderschuhen entwachsen, hatte er von seinem Vater, einem erfahrenen Kriegsmann, schon früh den Umgang mit Waffen gelernt. Da machte sich Jung Siegfried eines schönen Tages auf, um mehr von der Welt zu erleben als die täglichen Übungen zu Pferd und zu Fuß. Die Wasserflut in meinem Strombett hatte es ihm angetan, und er entschloss sich, immer weiter stromaufwärts zu ziehen. Das prasselnde Unwetter überraschte ihn vor der rauchigen Schmiede des Nibelungenkönigs. Siegfried pochte an, und ihm wurde aufgetan. „König der Zwerge, kunstvoller Fürst der Schmiede und Herr der erzreichen Tiefe", so sprach Siegfried ihn ehrfürchtig an, „nimm mich bitte auf!" Sanft sah ihn der grauhaarige Schmied aus nebelgrauen Augen an. „Ich brauche schon einen Gesellen", sagte er dann zögernd. „Wenn du dich mir auf ein Jahr verpflichtest, will ich dich aufnehmen unter meinem Dach. Auch an Speise und Trank soll es dir nicht fehlen." So kam Siegfried zu dem Schmied in die Lehre. Er brachte es weit in der Kunst der Zwerge. Dass ihm der Nibelungenkönig verbarg, was er heimlich in dunkler Nacht an Gold und Geschmeide mit eigener Hand schmiedete, entdeckte er erst am Ende seiner Gesellenzeit. Das Misstrauen des Zwergs kränkte ihn tief. In loderndem Zorn griff er zum schwersten der Schmiedehämmer und schlug den Amboss zehn Klafter tief in den Boden. Der Zwerg erschrak vor solch wilder Kraft. „Wie stark du doch bist, junger Held, Sohn eines Helden", begann er listig zu schmeicheln. „Wäre ich ebenso kräftig wie du, so würde ich heute noch den weiten Weg zum Köhler in Heisterbach gehen, der mir im Buchenholzmeiler die Holzkohle brennt für mein Schmiedefeuer! Aber ich kann sie nicht schleppen, die schwere Last. So muss ich dich bitten, mir einen Tragkorb voll Kohle holen zu gehen!"

Der Köhler war, wie Siegfried wohl wusste, ein rußiger Riese von gewaltiger Kraft. Allmonatlich einmal kam er zur Schmiede gestapft und brachte eine Traglast Holzkohle auf dem Buckel herbei. Aber der Zwerg hatte ihm eingeschärft: „Schicke ich dir einen, Kohle zu holen, so machst du ihm gleich den Garaus!" Von diesem Auftrag konnte Siegfried nichts wissen. Erst als der Riese ihm mit gewaltigen Pranken nach der Gurgel griff, erkannte er, dass der Nibelungenkönig ihn in den Tod schicken wollte. Er wich dem Zugriff des Riesen aus. Da schwang der Unhold auch schon einen dreihundertjährigen Eichenstamm, um Siegfried damit zu zerschmettern, dieser aber duckte sich tief und hieb mit dem Schwert, das er eigenhändig gestählt und geschärft hatte, dem Riesen den linken Fuß ab. Der Koloss kam zu Fall. Er brüllte vor Schmerz und vor Wut. Noch am Boden liegend schlug er gewaltig mit seinen Fäusten um sich. Aber nun war sein Hals für den jungen Helden erreichbar. Mit einem zweiten Streich trennte ihm Siegfried den Kopf vom Rumpf.

Als Sieger machte er sich auf den Rückweg zu dem verräterischen Zwergenkönig. Der hatte im Wahn, Siegfried sei tot, all seine Schätze gehoben und in weitem Zauberkreis um sich herum aufgebaut. Endlich einmal wollte er sich am Anblick der geliebten Kostbarkeiten weiden. Als zu seinem Entsetzen plötzlich der totgeglaubte Geselle vor ihm stand, las er sein Schicksal aus den blitzenden Augen, die ihn anstarrten, wie man ein tückisches Gewürm betrachtet. Er kam nicht mehr dazu, den Kopf zwischen die Schultern zu ziehen. Siegfrieds Schwert machte auch ihm den Garaus. Dann raffte der Königssohn den Schatz der Nibelungen in lederne Säcke, die er einstweilen unter dem Boden der Schmiede verbarg.

Auf der Suche nach einem besseren Versteck gelangte der Held zu den bewegten Kuppen des Siebengebirges. Da traf er Männer und Frauen an, die laute Verwünschungen nach dem

Fels hinaufschickten, auf dem der Drache hauste. Sein alljährlicher Jungferntribut war an diesem Tag fällig. Gerade kehrten Heidenkrieger in Booten vom linken, dem christlichen Ufer, zu ihrem eigenen, rechten zurück und brachten ein zitterndes Mädchen gefesselt mit. „Schulden die Leute da drüben einen Tribut?", fragte Siegfried sie gleich bei der Landung. „Und was habt ihr mit der geraubten Jungfrau im Sinne?" – „Der Drache da oben verlangt ein Opfer. Das müssen wir ihm noch heute bringen." – „Und diese da ist dazu ausersehen?" – „Ja, Herr, sonst hält sich das Untier an unseren eigenen Kindern schadlos!" Beim Anblick des weinenden Geschöpfs ergriff Siegfried ein hilfloser Zorn. Allein gegen so viele vermochte er das Mädchen nicht zu befreien. Nur der Tod des Untiers konnte die Unglückselige retten.

Schon wurde sie, als Opfer in weiße Gewänder gehüllt und festlich mit Blumen geschmückt, den Weg zur Höhle des grässlichen Untiers hinaufgetrieben. Da begann auch Held Siegfried den Drachenfels zu erklimmen, auf steilem, kürzerem Pfad, entschlossen, den Drachen vor seinem Opfer zu erreichen. Und das gelang ihm mit weitem Vorsprung. In lüsterner Erwartung hörte der Lindwurm das Unterholz knacken. Früher als sonst kam ihm Menschenduft in die Nüstern. Freudig erhob er sich von seinem Lager und kroch genüsslich züngelnd aus seiner Höhle hervor.

Doch draußen verging ihm die Vorfreude auf rasche Beute. Wo seine gierig funkelnden Augen ein vor Angst vergehendes Mädchen erwarteten, stand ein trotziger junger Held. Nach so vielen Jahren demütiger Verehrung war das für den Drachen ein ungewohnter Anblick. Er duckte sich wie zum Sprung. Aber danach war ihm gar nicht zumute. Der mächtige Kamm aus Horn vom Kopf bis zur Schwanzspitze bot Schutz gegen jeden Hieb mit der Waffe, und wäre sie noch so scharf. Nein, zu näherem Hinsehen duckte der Drache sich. Gewaltiger Zorn stieg in ihm auf. Er begann zu fauchen. Erst fuhr nur Rauch aus seinen

Nüstern, dann zwei Feuerstrahlen. Die suchte er durch blitzschnelles Drehen und Wenden des biegsamen Halses auf Siegfried zu richten.

Der wich ihnen behände aus und führte mit dem Schwert einen gewaltigen Hieb auf den gereckten Hals der gefährlichen Bestie. Doch der Hornpanzer des Drachen war dicker und härter, als der Held erwarten konnte. Er sprang zurück und raffte in sicherer Entfernung so viel dürres Reisig zusammen, wie man in Eile gewinnen kann. Er ahnte nun die schwache Stelle des Drachen. Der kam vollends aus seiner Höhle hervor. Mit gewaltigen Schwanzhieben gedachte er seinen Angreifer zum Straucheln zu bringen. Und wieder blies er zwei Feuerstrahlen aus seinen Nüstern zu ihm hinüber. Doch darauf hatte der Held nur gewartet. Mitten ins weit aufgerissene, mit schrecklichen Zähnen bewehrte Maul des Drachen warf er das Bündel Reisig. Sofort flammte das dürre Holz auf zu loderndem Brand. Vor Schmerz und Wut brüllend, schüttelte das Untier sich das brennende Reisig aus den Zähnen und ließ dabei den weichen Hals einen Augenblick lang ungedeckt. Da stieß ihm Siegfried sein scharfes Schwert bis zum Heft in die Kehle.

Ein Blutstrom schoss aus der Todeswunde. Schon schwand dem Untier die Kraft zum Anspringen des starken, geschickten Helden. Zusammengebrochen scharrte der Drache noch ein Weilchen den Felsboden mit zuckenden Krallen, peitschte er ihn schwächer und schwächer mit dem eben noch so schrecklichen Schweif. Dann verendete das Ungetüm. Und im Brand, den Siegfried nun ständig nährte, schmolz die Hornhaut des Drachen dahin. Neugierig steckte der junge Held in die zähe Flüssigkeit einen Finger. Er fand ihn mit einer Hornhaut bedeckt, als er ihn dann vor seine Augen hob. Da wusste er, wie er sich vor künftiger Gefahr würde schützen können.

Hastig warf er seine Waffen und Kleider ab und wälzte sich nackt in dem flüssigen Horn. So gewann am Drachenfels der Held aus Xanten die Hornhaut, die ihn unverwundbar machen sollte. Nur zwischen den Schultern hatte sich ihm ein Lindenblatt auf die schweißnasse Haut geheftet. Als er's gewahrte, war alles geschmolzene Horn schon im Boden versickert. Die kleine Stelle auf seinem Rücken blieb ungeschützt. Wie später der grimme Hagen davon erfuhr und ihm den Todesspeer zwischen die Schulterblätter stieß, wird in einer anderen Geschichte berichtet.

Ahnungslos hatten die Heiden inzwischen die geraubte Jungfrau zu einer Eiche unterhalb der Drachenhöhle geschleppt. Sie fesselten die Ärmste mit Stricken daran und wollten sich eilig aus dem Staube machen, als Siegfried ihnen in den Weg trat. „Schmach über euch Feiglinge!", rief er ihnen zu. „Warum habt ihr nicht mit dem Drachen gekämpft? Warum habt ihr euch zu seinen Knechten machen lassen?" Den Vorwurf fanden sie ungerecht. „Der Drache ist unverwundbar, ein Gott, den nur Opfer besänftigen können", antwortete ihm mit falscher Würde ein weißbärtiger Alter. Da zeigte Held Siegfried ihnen das Haupt, das er dem toten Drachen vom Rumpf abgehauen hatte. Sie wichen schaudernd vor ihm zurück wie vor einem höheren Wesen.

Allein geblieben befreite er die Jungfrau aus ihren Fesseln und brachte sie heil und gesund zurück in ihr Vaterhaus. Aber so gern sie ihm auch gefolgt wäre, gefreit hat er sie nicht. Noch einmal ritt er zurück zur Schmiede des Zwergenkönigs. Dort zog er nächtelang alle Schätze des Nibelungenhorts aus dem Versteck hervor, brachte sie mühsam in die Höhle des toten Drachen und vergrub dort den ganzen Goldschatz, bevor er sich aufmachte zu neuen Taten an meinem Ufer.

Vater Rhein erzählt:
# Die Heinzelmännchen von Köln

Schon in alten Zeiten ist Köln als heilig bekannt gewesen. Und wer dort die Kirchtürme gezählt hat, käme nicht auf den Gedanken, den damals üblichen Namen „hillige" Stadt zu bezweifeln. Gewiss ist auch in keiner anderen Stadt so fleißig geläutet worden, mit hellem Geschepper und mit dunklem Gepumper. Aber dass die Kölner von damals nichts Besseres zu tun gewusst hätten, als zu beten und Choräle zu singen, kann nur ein Narr behaupten. Ich habe sie ganz anders in Erinnerung: verliebt und verärgert, vergnügt und vergrämt, lustig und listig, weichherzig und scharfzüngig. Und zur Karnevalszeit sind sie immer außer Rand und Band gewesen, schon zur Römerzeit, und seither haben sie sich darin kaum geändert.

Wie sie das machen, außer Rand und Band zu geraten? Sie hatten es all die Zeit mit mir und meinem Hochwasser zu tun. Und immer schwillt mir bald nach der Wintersonnenwende der Kamm. Ich werde aufsässig, will nicht in meinem gewohnten Bett bleiben, reiße die Weiden auf beiden Ufern an ihren langen Haaren, finde mich plötzlich in den Gassen der Altstadt wieder, sogar in ganz verrufenen, tobe die Kellertreppen hinunter und lecke an Weinfässern. Ohne mein tolles Gebaren wäre der kölsche Karneval gar nicht zu denken.

Aber der fällt auch genau in die Zeit, wenn der junge Wein angestochen wird. Und junger Wein muss von der Mosel kommen. Die Weine aus dem Rheingau trinkt man erst, wenn sie ausgereift sind. Die schlürft man bedächtig, die Nase andächtig erhoben, leicht schnuppernd, in kurzen, prüfenden, genießerischen Schlucken. Der Mosel dagegen muss perlen, wenn er ins Glas kommt. Frisch und noch etwas rebellisch trinkt man den, und vor allem: nicht wenig. Der Wein für den Karneval muss von der Mosel kommen, aus den tiefen geräumigen Kellern von Koblenz, auf dickbauchigen Schiffen, die nicht bloß ein einziges Stückfass vertragen. Ich denke, mit solch einem Schiff sind die Zwerge von Koblenz, wo sie jahrhundertelang Kellermeister und Küfer gespielt hatten, nach Köln gekommen. Auch hier gab es gewaltige Keller und mächtige Fässer für all das, was Engländer und Skandinavier damals an Messwein brauchten. Der aber durfte nicht an Köln vorbei, ohne dass ihn die Fachleute dort geprüft hätten. Den besten Wein behielten sie natürlich für ihre eigene Stadt. Das war ihnen im Stapelrecht verbrieft.

Von Köln als Umschlagplatz des Weinhandels hatten die Zwerge gehört, selbstverständlich auch vom Karneval, und ebenso wussten sie von den kunstvollen Goldschmieden der alten Römerstadt; auch dass ihr Boden tief unter den Straßen von verschollenen Gängen und Gewölben durchsetzt und durchzogen war, muss den Zwergen bekannt gewesen sein. Jedenfalls führte ihr erster Weg sie in die Gasse der Goldschmiede, auf deren Kunst sich die Zwerge bekanntlich am besten verstehen. Sie wollten den Goldschmieden scharf auf die Finger gucken, ob es vielleicht bei denen noch etwas zu lernen gäbe oder ob die Kölner Meister gesonnen wären, von ihnen, den Zwergen, Lehre anzunehmen. Zudem verläuft unter der Goldschmiedsgasse bis auf den heutigen Tag ein Stück vom römischen Abwasserkanal. Der liegt seit dem Abzug der Römer vor 1.500 Jahren ungenutzt und ist eine trockene, dunkle Höhle, wie geschaffen zum Wohnort der Zwerge. Da unten richteten sie sich ein, weshalb die Gasse auch „Unter Goldschmied" heißt, und gingen an ihr kunstreiches Werk. Dank der Neugier, die den Zwergen zu eigen ist, konnte es nicht ausbleiben, dass sie sich zur Nachtzeit auch in den Werkstätten anderer Handwerke umsahen und versuchten, sich Fertigkeiten anzueignen, an die sie nie und nimmer gedacht hatten, als sie auszogen, in Köln ihr Glück zu machen. Denn diese Stadt war schon in ältesten Zeiten ein Tummelplatz kunstvoller Werktätigkeit, und es gab da überhaupt kein Gewerbe und Handwerk, das nicht seinen goldenen Boden fand. Da aber die Zwerge erst Übung gewinnen mussten, hielten sie sich anfangs an Tätigkeiten, in denen es am ehesten gelingt, wenn nicht zur Meisterschaft zu kommen, so doch zur Übung in ihren wichtigsten Handgriffen.

79

Von Nacht zu Nacht lernten sie, immer größerer Schwierigkeiten Herr zu werden. Und da Fertigkeit nach Betätigung drängt, teilten sie sich in Gruppen und Grüppchen, die nach Einbruch der Dunkelheit in Werkstätten der unterschiedlichsten Handwerke übten und werkelten, so dass die Spuren ihrer Tätigkeit bald nicht mehr zu übersehen waren. Ja, sie wagten sich schließlich daran, angefangene Arbeiten fortzuführen oder gar zu vollenden, dass manch faulem Gesellen, der sie liegen gelassen hatte, anderen Morgens das Herz im Leibe hüpfte, und auch dem Meister, der schon am frühen Nachmittag ins Bierhaus gelaufen war und Arbeit Arbeit sein ließ.

Bald bei diesem, bald bei jenem Bäcker lagen, wenn seine Gesellen frühmorgens die Backstube betraten, schon scharenweise die Wecken und Brotlaibe geknetet und geformt bereit für den Backofen. Bei so manchem Metzger waren Fleisch und Speck fertig hackt, mit allem Gewürz vermengt, ja oft sogar bereits in Därme gestopft und warteten nur noch auf Kochen und Räuchern. Bei Schuhmachern hatten die unsichtbaren Helfer – denn blicken ließen sie sich nie – Schäfte fürs Oberleder, Leinwand als Futter, Brandsohlen und das Kernleder zur Laufsohle zugeschnitten, und es bedurfte nur noch des Pechdrahts und der hölzernen Täckse, um sie zusammenzufügen. Bei Schreinern schlichteten sie das Holz für Truhen und Bänke, Tische und Stühle, und wenn es Tag wurde, stand sogar schon der Leimtopf auf glühenden Kohlen und lagen die Leimzwingen bereit. Bei Fassbindern waren die Dauben geschnitten, geglättet und wohlgefügt, die passenden Fassböden standen säuberlich dabei, die Reifen waren vernietet und brauchten nur noch aufgezogen zu werden. Die Bierbrauer fanden die kupferne Braupfanne spiegelblank geputzt und Hopfen und Hefe auf eine zwölftel Unze genau abgewogen. Und selbst hinter das geheimste aller Geheimnisse in Köln waren die Heinzelmännchen gekommen: Die zahllosen Kräuterauszüge, die man für die Gewinnung des köstlich duftenden Kölnischwassers benötigt, standen in Glasfläschchen und Destillierkolben bis auf das Tröpfchen exakt abgemessen bereit, wenn der Meister die Brennstube betrat. Kein Wunder, dass den Kölnern das stille Wirken der Heinzelmännchen wunderbar gefiel. Und keinem der Nutznießer wäre es je in den Sinn gekommen, den Heimlichtuern ins Handwerk zu pfuschen, ihnen zugucken zu wollen oder sie auf irgendeine Weise zu stören.

Nun lebte damals in Köln ein Schneidermeister, der war ein Künstler seines Fachs. Nein, nicht nur ein Künstler, er war ein Wundertäter und einmaliger Glücksfall, dazu Obermeister der Schneiderzunft, vom Erfolg seines Fleißes verwöhnt, ein launenhafter und von sich selbst sehr überzeugter Mann (wen würde das wundern?). Nicht jedem erwies er die Ehre, für ihn zu arbeiten. Preise nahm er, dass euch die Tränen gekommen wären, und nur die reichsten Leute konnten sich ihn leisten. Dafür saßen aber auch Hosen und Röcke aus seiner Werkstatt wie angegossen, kein Fältchen verzog sich, wenn man sich darin bewegte. Da gab's keine Druckstellen in der Achsel oder im Schritt. Und dann der Geschmack, mit dem er Kragen schnitt, Knöpfe und Goldstickerei anbrachte, die Kunst seiner Knopflöcher und aufgesetzten Taschen! Er nähte mit haltbarem Zwirn von der allerfeinsten Sorte, mit Goldfäden und, wenn man es wünschte und bezahlte, sogar mit hauchdünner und doch zäher Seide. Er war ein Könner, und das wusste nicht nur er selber, sondern auch alle anderen. Als die Heinzelmännchen glaubten, vom Schneiderhandwerk schon die letzten Finessen zu beherrschen, gerieten sie eines Nachts in die Werkstatt dieses Künstlers. Sie trauten ihren Augen nicht. Was sie da sahen, war ihnen noch nie vor Augen gekommen. Der Mann war ein Zauberer, wusste Nähte zu stichlen, die man nur noch mit scharfen Brillen erkannte. Bei dem war noch viel zu lernen. Und als die Beherztesten unter ihnen sich trauten, es ihm nachzutun, gab es am nächsten Morgen ein gewaltiges

Donnerwetter über die Pfuscharbeit, die einem Gesellen zur Last gelegt wurde, mochte er sich auch noch so erbittert wehren.

Aber die Schuld blieb an ihm hängen, und da er besser wusste, was er genäht hatte und was nicht, geriet er ins Grübeln. Hinter vorgehaltener Hand wurde damals in mancher Werkstatt von nächtlichen Helfern geflüstert. Die Heinzelmännchen, sowenig man auch von ihnen wusste, waren zum Stadtgespräch geworden. Und der zu Unrecht bezichtigte Geselle kam zu dem Schluss, dass die Zwerge ihm zweitrangige Arbeit untergeschoben hätten. Wollte er gerechtfertigt dastehen, so musste er handgreifliche Spuren von ihnen beibringen. Dazu siebte er am nächsten Abend trockene Holzasche auf den Boden vor seinem Tisch. Am anderen Morgen fand er darin saubere Abdrücke winziger Füße. Da wusste er Bescheid.

Als er Besen und Handfeger holen ging, kam ihm die Meisterin in die Quere. Als Hausfrau, die auf peinliche Sauberkeit hielt, wunderte sie sich, was er am frühen Morgen wegzukehren hätte, und sah selber nach. So kam sie hinter das Geheimnis der nächtlichen Werkstattbesucher. Aber es genügte ihr nicht, Fußspuren gesehen zu haben. Sie wollte genau wissen, wie die Heinzelmännchen gewachsen wären, wonach sie aussähen, ob sie nackt oder bekleidet wären und was Frauen sonst noch alles erfahren wollen. Da musste also der Geselle ihr haarklein berichten, was er erlebt und gehört hatte. Und da er vom Sehen her nur ihre Arbeit kannte, beschloss sie, sich selber den Anblick der Heimlichtuer zu verschaffen.

Am gleichen Abend noch schüttete die Frau Meisterin getrocknete Erbsen auf jede Treppenstufe und stellte sich mit einer hellen Lampe in einen Verschlag nebenan. Die Heinzelmännchen kamen wie gewohnt um Mitternacht aus ihrer Unterwelt heraufgestiegen. Aber als sie die Haustreppe empor ins Obergeschoss wollten, brachten die rollenden Erbsen sie

alle zu Fall. Das gab ein Wehklagen und Lamentieren! Und als zu dem übrigen Leid auch noch die Meisterin die Tür aufriss und neugierig mit der Lampe leuchtete, war im Nu das Zwergenvolk spurlos verschwunden. Die Neugier der Schneidersfrau blieb unbefriedigt. Aber die Zwerge waren vergrämt. Nie wieder hat einer von ihnen hilfreich die Werkstatt eines Kölner Meisters betreten. Doch haben die Kölner zur Erinnerung den Heinzelmännchenbrunnen gebaut, den man sich noch heute in der Straße „Am Hof" ansehen kann.

Vater Rhein erzählt:
## Sankt Ursulas Schiffsfahrt nach Köln

Das „heilige Köln" hat einmal fast hundert Kirchen und Kapellen gehabt. Jede davon war einem eigenen Heiligen geweiht, nicht jede aber konnte sich einen für sich ganz allein leisten: Marienkirchen gab es mehr als ein halbes Dutzend. Für weibliche Heilige hatten die Kölner überhaupt eine eigene Schwäche. Bei keiner verstehe ich das so gut wie bei Sankt Ursula. Die kam mir gleich zu Beginn unserer Bekanntschaft wie etwas Besonderes vor.

Es war vor fünfzehn- bis sechzehnhundert Jahren, da lief ein Schiff englischer Bauart von der Nordsee her in eine meiner Mündungen ein. Dagegen war nichts einzuwenden. Englische Schiffe mit Salzheringen haben das vorher und nachher ständig getan. Dieses allerdings kam unter reich besticktem Purpursegel angerauscht. Es gehörte keinem Fischhändler, es war ein Königsschiff. Ich war gespannt, mit welchen altenglischen Kraftworten ich diesmal wie immer dann beglückt würde, wenn die prallen Windbäuche plötzlich von meiner Strömung erfasst werden. Aber das Segelmanöver, das dann fällig wird, klappte ganz ohne Flüche. „Feine Leute", dachte ich bewundernd. So gekonnt schaffte das nur eine Mannschaft von hohen Graden.

Bei näherem Zusehen aber meinte ich zu träumen. Alle Matrosenblusen waren in Brusthöhe eindeutig vorgewölbt. Sogar das Steuerruder lag fest in weiblichen Händen. Die ganze Besatzung bestand aus Jungfern, aus zwölf feinen, schlanken langhaarigen Mädchen! Nun muss man aber wissen: Wie in aller Welt ist auch in meinen Gewässern die Schifffahrt von jeher ausschließlich Männersache gewesen. Die Frauen der Schiffer blieben fein zu Hause. Die Arbeit an Bord wäre viel zu rau für sie, bekam ich immer zu hören. Ein Schiff mit ausschließlich weiblicher Besatzung war also etwas ganz Neues für mich, unfasslich, ein Verstoß gegen Brauchtum und Sitte, der seinesgleichen suchte.

Dabei zeigten die Jungfern sich im Umgang mit Segel und Steuer beachtlich geschickt. Auch ohne Kraftworte kamen sie schwungvoll gegen meine Strömung an und sogar zügig vorwärts. Nie wieder habe ich Ähnliches erlebt. Und was mir an ihnen obendrein noch auffiel, war ihr Glück mit Wind und Wetter. Gegen Flauten schienen sie gefeit zu sein, kein einziges Mal brauchten sie Zugpferde zu bezahlen. Wie durch Zauberei vermieden sie die lästigen Wirbel und Gegenströmungen, womit ich die Schiffer gern ärgere und zu Zornesausbrüchen reize. Kein böses Wort kam ihnen über die Lippen, und ich bekam auch zu hören, warum: weil sie nämlich gar keine kannten und aus den feinsten Familien stammten! Ihr Kapitän war eine leibhaftige Königstochter namens Ursula, was „kleine Bärin" bedeuten soll. Für eine abenteuernde Jungfrau ist das ein passender Name, finde ich. Auch ihre elf Gefährtinnen waren so stolz auf ihre Jungfernschaft, dass sie eigens nach Köln fuhren, der damals schon christlichen Stadt, um sie an entsprechende junge Christen zu verlieren. So gute Christinnen waren sie.

Die Bewohner Kölns standen schon vor zweitausend Jahren in dem Ruf, ein Herz für Frauen zu haben. Das erfrischende Duftwasser ohnegleichen, das hier erfunden wurde und Weltruf genießt, muss schon in römischer Zeit Vorgänger gehabt haben. Wozu sonst hätten die antiken Glashütten Kölns all die Fläschchen und Flakons geblasen, die noch heute in aller Welt gefunden werden? Davon wussten die Damen in England so gut wie die in Spanien und Italien. Die englische Prinzessin war also sicher, da, wo sie mit ihren Gefährtinnen hinstrebte, in gute Hände zu kommen. Zum Glück hat sie nicht ahnen können, dass man in Köln ihr zu Ehren schon sehr bald ein Gotteshaus errichten würde. Diese Ehre nämlich verweigert der Glaube, dem Ursula anhing, strikt den Lebenden, mögen sie auch noch so schön, jung, schlank und blaublütig sein.

Es war eine weite, aber fröhliche Reise für meine Gäste aus England, und sie haben sie sehr genossen. Als sie durch Holland segelten, winkten ihnen die Vorfahren der Mijnheers mit Windmühlenflügeln zu, in Deutschland schwenkten linksrheinisch

Römer, rechtsrheinisch erste Vortrupps der Franken bunte Lappen und dickbäuchige Krüge, alles war Lust und Seligkeit, bis ihr bekränztes und bewimpeltes Schiff unter den Zinnen der mächtigen Stadtmauer am Kölner Ufer festmachte.

Und da war es vorbei mit der Fahrt ins Glück. Denn zum Entsetzen der frommen Jungfrauen standen bei ihrer Ankunft gerade die Zelte ganz übler Heiden vor der Stadt, nicht etwa zur Staatsvisite, nein, zur Belagerung.

Beute wollten die Bösen machen: Gold, Geschmeide, kostbare Kleider, Geld und Gut, Fässer voll Wein und Schinken aus dem Rauch. Mord und Brand wollten sie, denn sie starrten schon allzu lange die starken, hohen Mauern von außen an, und sie bekamen für jeden Pfeil, den sie ins Blaue hinüberschossen, zwei oder drei zurück, von denen einer traf. Erbittert waren sie, gierig und zu jeder Schandtat bereit.

Was sie sich von den englischen Jungfrauen versprachen, war nicht im Sinne von Ursulas Schiffsfahrt. Wer von den Heiden zugriff, bekam eins auf die Pfoten, und das war nicht im Sinne der Belagerer. Als sie nicht ans Ziel kamen, sahen sie rot und griffen zur blanken Waffe. Ursula traf ein Pfeil in den schlanken Hals. Dann wurde die Metzelei allgemein, und nur der Tod bewahrte die Mädchen vor Schmach und Schändung. Die Kölner mussten dem Morden tatenlos zusehen. Zu schwach, einen Ausfall zu wagen, konnten sie nur den Tod der Jungfrauen beweinen und ihre Mörder verfluchen.

Und dieser Fluch ist in Erfüllung gegangen. Die Heiden hatten ihren Blutrausch ausgetobt. Die festen Stadtmauern konnten sie nicht bezwingen. Mangel und Seuchen machten sich unter ihnen breit. Ihre Menschenverluste wuchsen ins Uferlose. Am hellen Tag waren sie auf stolzen Drachenschiffen stromaufwärts gerudert, bei Nacht und Nebel setzten sie sich, so viele noch am Leben waren, auf die Ruderbänke und ließen sich stromabwärts treiben. Die Stadt war gerettet, der Tod der Jungfrauen ihren Mördern zum Verhängnis geworden.

Die Kölner hatten Grund zu dankbarer Freude, und wie sie nun einmal sind, freuten sie sich überschwänglich. Sie haben Ursula und ihre elf Jungfrauen zu Märtyrerinnen ihres Glaubens erhoben, zu Heiligen, sie sammelten ihre Gebeine und fassten sie in Gold, Silber und kostbare Steine. Noch vor dem Jahr 400 bauten sie draußen vor der Stadt, wo nach geltender römischer Sitte die Gräber und Grüfte lagen, eine Stätte der Verehrung für die armen Opfer heidnischer Mordlust. Die schlichte Kapelle wurde zum Wallfahrtsziel, sie wuchs und wuchs.

Und mit der Zahl der Verehrer ist dann dank der bekannten Glaubensfreudigkeit des Mittelalters auch die Zahl der Jungfrauen ins Märchenhafte gewachsen. So sind aus elf lebendigen Begleiterinnen der heiligen Ursula schließlich elftausend tote geworden. Elftausend lebendige Jungfrauen hätte selbst im tiefsten Mittelalter kein Mensch den Kölnern geglaubt. Sankt Ursula wurde von den Kölnern zur Stadtpatronin erhoben, und elf Hermelinschwänzchen verewigen die Erinnerung an die frommen Jungfrauen in Kölns Stadtwappen.

Vater Rhein erzählt:

# Lohengrin, der Schwanenritter von Kleve

Weshalb heißt die Burg von Kleve „Schwanenburg"? So höre ich oft fremde Besucher fragen. Name und Wappenvogel der Burg sind uralt. Sie erinnern an Not und Glück einer brabantischen Herzogstochter. Diese Burg war Schauplatz ihres Lebensschicksals. Elsa, so hieß sie, wuchs hier auf und verlor, kaum dass sie mündig geworden war, binnen kurzem beide Eltern, und wenig später starb auch der jüngere Bruder nach einer kurzen schweren Krankheit.

Der habgierige Friedrich von Telramund, der weit und breit als stärkster Ritter geachtet und gefürchtet war, gönnte ihr den Reichtum nicht. Er überlegte, wie er sich die Burg aneignen könnte. Als Freier konnte er nicht auftreten, denn er war mit einer dunklen Schönheit namens Ortrud verheiratet. Aber er fand einen Ausweg, trotzdem in den Besitz der brabantischen Herzogskrone zu kommen: Mit falschen Anschuldigungen klagte er Elsa vor dem Thron des deutschen Königs an, und zwar wegen Brudermordes. Elsa war entsetzt, doch konnte sie nicht das Gegenteil beweisen. Flehend bat sie ihre Ritter um Hilfe und Beistand. Doch es war vergeblich, denn keiner traute sich, gegen Telramund im Zweikampf anzutreten. So musste der König eine Entscheidung treffen. Er forderte Elsa auf, binnen dreier Tage ihre Unschuld zu beweisen oder aber einen Rittersmann zu stellen, der ihre Ehre gegenüber Telramund verteidigen würde. Sollte ihr beides nicht gelingen, wäre ihre Schuld erwiesen.

Da erschien ihr im Traum ein Retter, getragen von meinen Wellen. Doch am dritten Tage sank ihre Hoffnung von Stunde zu Stunde tiefer. Schon hatte der Herold dreimal zur Verteidigung ihrer Schuldlosigkeit aufgerufen. Bald musste die Sonne untergehen, und voller Verzweiflung stand sie, von ihren Hofdamen umgeben, an meinen Ufern. Bald war die Frist abgelaufen, und der erträumte Held war immer noch nicht erschienen. Graf Telramund triumphierte bereits, der Herzogsmantel war ihm sicher. Elsa weinte und betete.

<< Lohengrin – Ankunft

Eine ihrer heißen Tränen hat der Wind dahin getragen, wo Hilfe für die Bedrängten bereitsteht. An heiliger Stätte umringen zwölf Paladine den Gral, die Schale aus purem Gold und Kristall, die einst am Kreuz Christi das Blut des Erlösers auffing. Jeweils einer dieser zwölf Ritter ist verpflichtet, als Namenloser auf den Flügeln des Windes dorthin zu eilen, wo ein Unschuldiger um Hilfe betet. Ein Tropfen Herzeleid weist dem Retter Richtung und Weg.

Und so geschah es, dass beim ersten Schlag der Abendstunde zwei der bestellten Kampfrichter ein seltsames Gespann auf dem Wasser heranrauschen sahen. Ein schneeweißer Schwan war vor einen goldenen Kahn geschirrt. In dessen Mitte stand ein junger Ritter in silberner Rüstung, auf dem Kopf ein Helm mit einem Schwanenzeichen. Er stützte sich mit beiden Händen auf sein Schwert. Beim sechsten Schlag der Abendstunde betrat er das Ufer und beugte vor Elsa zum Gruß das Knie. Sie wagte nicht, ihn anzusehen, doch reichte sie ihm ihre zitternde Hand. Da wurde Telramund blass. Rasch entschlossen zog er sein Schwert zum Ausfall gegen den unerwarteten Gegner. Der parierte den Hieb mit spielerischer Leichtigkeit. Da erkannte Telramund: Der Unbekannte, der den Schwan als Helmzier trug, war ihm gewachsen. Nun galt es für beide, alle Fechtkunst aufzubieten. Telramund griff an, immer und immer wieder. Der Schwanenritter ließ sich in die Abwehr drängen. Er wartete seine Gelegenheit ab. Sie kam, als Telramund ihm allzu nahe rückte. Da schlug ihm der Schwanenritter die Klinge flach aus der Hand und warf ihn selber mit dem Schildbuckel zu Boden. Dann setzte er ihm die Schwertspitze auf die Kehle. „Bekenne, dass du gelogen hast!", rief er. Und Telramund musste gestehen, dass er die Herzogstochter zu Unrecht des Brudermordes bezichtigt hatte. Elsa wurde von aller Schuld freigesprochen, Telramund dagegen verbannt und des Landes verwiesen.

Elsa wollte sich ihrem Retter dankbar zu Füßen werfen, das aber duldete er nicht. Als er sie abwehrend am Arm ergriff, fühlte sie sich mit Urgewalt von einem Gefühl durchdrungen, das sie noch nie erlebt hatte. Ihm muss es ähnlich ergangen sein. Sie sahen sich in die Augen und wussten, dass sie füreinander bestimmt waren. Der Schwanenritter küsste ihr Haar und sie gelobten einander unverbrüchliche Treue. Dabei wusste sie nicht einmal seinen Namen! Und bevor sie sich danach erkundigen konnte, beschwor er sie bei allem, was ihr lieb und teuer war, ihn niemals nach Namen und Herkunft zu fragen. Sie versprach es ihm hoch und heilig. Als beide bald danach vor den Traualtar traten, blieb der Name des Bräutigams ungenannt.

Sie lebten glücklich und zufrieden einige Jahre in der Burg. Drei Söhne hatte Elsa ihrem Schwanenritter geschenkt. Da überkam Elsa die Frage, was sie wohl sagen würde, wenn die Söhne den Namen des Vaters erfahren wollten. Doch sie wagte nicht, die Frage zu stellen, und in den nächsten Jahren blieb es dabei, sosehr sie dreimal gewünscht hätte, den Söhnen, die sie geboren hatte, den Vatersnamen mit auf den Lebensweg zu geben. Dann aber sah Ortrud, die Gemahlin des verbannten Telramund, die Zeit der Rache gekommen. Als Nonne verkleidet nahm sie vor der Burgkapelle den sechsjährigen Ältesten des Schwanenritters bei der Hand und fragte ihn, wie er heiße. Das wusste er wohl zu sagen. So fragte sie ihn weiter nach den Namen von Vater und Mutter. Seine Mutter Elsa nannte das Kind sofort. Aber den Namen des Vaters brachte es nicht über die Lippen. Da fing die Nonne ein lautes Wehklagen an: „Ein so gescheites, schönes Kind! Und hat keinen Vater!" Der Knabe starrte sie entsetzt an. Dann lief er zur Mutter und wollte von ihr den Namen des Vaters erfahren. Sie aber musste schweigen. Dieses falsche Spiel wiederholte Ortrud in neuen Verkleidungen noch mehrmals. In Elsa wurde ein Wissensdurst geweckt, den sie schon allzu lange unbefriedigt gelassen hatte. „Die armen Kinder", redete sie sich ein, „den Namen des eigenen Vaters nicht zu kennen!" Noch einmal schluckte sie die Frage herunter, wenn auch schon mühsam. Noch einmal blieb Ortruds Neid auf

Elsas Glück unbefriedigt. Als aber beim nächsten Nachfragen der beiden ältesten Kinder keines den Vater beim Namen nennen konnte, brach das Marktweib, in das sich Ortrud diesmal verwandelt hatte, in giftiges Lachen aus. „Ihr habt eben einen hergelaufenen Lumpen zum Vater, den eure Mutter nicht verraten will, hahaha!" Weinend kamen die Kinder zur Mutter. Da brach ihr das Herz.

Nach einer schlaflosen Nacht überfiel sie morgens den geliebten Gemahl mit der verhängnisvollen Frage: „Im Namen unserer Söhne – wie nennst du dich? Und woher bist du gekommen?" Er starrte sie an und griff sich ans Herz. „Das Glück, unser Glück, nun liegt es in Scherben! Du durftest die Frage nicht stellen, das wusstest du wohl. Ich werde dir Antwort geben, dann aber muss ich von dir ziehen!" – „Nein! Schweig!", flehte Elsa ihn an. Er aber fuhr fort: „Wisse: In einem fernen Land, für euch alle unerreichbar, steht eine Burg, die Montsalwatsch heißt. In ihrer Mitte leuchtet ein strahlend helles Gotteshaus, schöner als alles, was je auf Erden gebaut wurde. Und dieses Gotteshaus birgt als größte Kostbarkeit den heiligen Gral. Zwölf starke Helden sind zu seinem Schutz erkoren. Sie stehen auch zur Hilfe für Schuldlose bereit, die darum beten. Über sie gebietet König Parzival. Und alle, die ihm dienen, stärkt der Gral mit wunderbarer Kraft. Nur, wie sie heißen und in wessen Auftrag sie kommen, darf niemand wagen, sie zu fragen. Wer sie erkennt, den müssen sie verlassen." – „Nein! Bleib doch bei mir!", weinte Elsa. Er endete, und seine Stimme schien schon aus einer anderen Welt zu kommen: „Vom Gral bin ich hierhin gesandt worden. Mein Vater ist König Parzival. Ich, sein Ritter, bin Lohengrin genannt!"

Noch während dieser Worte kam der Schwan herbeigeschwommen. Er war vor einen goldenen Kahn gespannt, den er hinter sich herzog, wie vor all den glücklichen Jahren. Das Boot war kaum ans Ufer gestoßen, da sprang Lohengrin auch schon hinein. Und sofort setzte der Schwan sich wieder in Bewegung.